Moritz Hoernes

**Zur prähistorischen Formenlehre**

Moritz Hoernes

**Zur prähistorischen Formenlehre**

ISBN/EAN: 9783743315723

Hergestellt in Europa, USA, Kanada, Australien, Japan

Cover: Foto ©ninafisch / pixelio.de

Manufactured and distributed by brebook publishing software (www.brebook.com)

Moritz Hoernes

**Zur prähistorischen Formenlehre**

# ZUR
# PRÄHISTORISCHEN FORMENLEHRE.

VON

## D^R MORIZ HOERNES.

II. THEIL.

MIT 47 ABBILDUNGEN IM TEXTE.

AUS DEN MITTHEILUNGEN DER PRÄHISTORISCHEN COMMISSION DER KAIS. AKADEMIE
DER WISSENSCHAFTEN, I. BAND, N° 4, 1897, SEPARAT ABGEDRUCKT

WIEN, 1897.
IN COMMISSION BEI CARL GEROLD'S SOHN,
BUCHHÄNDLER DER KAIS. AKADEMIE DER WISSENSCHAFTEN.

# Zur prähistorischen Formenlehre.

Von

Dr. *Moriz Hoernes.*

Zweiter Theil.

(Mit 43 Abbildungen im Texte.)

## IV. Ueber altitalische Bronzefiguren und deren culturgeschichtliche Bedeutung.

Inhalt: 1. Flachfiguren. — 2. Rundfiguren. — 3. Plattenwerke. — 4. Bronze- und Bernsteinplastik in Etrurien. — 5. Ausbreitung nach Mittel- und Nordeuropa. — 6. Gefässtragende Figuren. — 7. Wagengebilde. — 8. Ross und Reiter. — 9. Das Rind.

Der Inhalt dieses Aufsatzes schliesst sich theilweise an das im ersten Theile [1]) behandelte Material an, nimmt aber zugleich so viel Bezug auf Anderweitiges, dass der Untertitel »Bericht über den Besuch einiger Museen im östlichen Oberitalien« diesmal entfallen musste. Ich gedenke auf die hier dargelegten Verhältnisse demnächst in grösserem Zusammenhange (in einer »Urgeschichte der bildenden Kunst in Europa«) zurückzukommen. Von einer auch in Mitteleuropa ziemlich verbreiteten, aber noch nicht genügend beachteten Erscheinung ausgehend, wollen wir die Hauptformen der italischen Bronzebildnerei zuerst an der adriatischen Küste und in Unteritalien betrachten, dann wieder von Süd nach Nord emporsteigen und in Mittelitalien nach dem Ursprung jener Formen Umschau halten, hierauf deren Verbreitung nach Mitteleuropa ins Auge fassen und so im Hallstätter Culturkreis die erste Weltwirkung der italischen Kunst kennen lernen.

### 1. *Flachfiguren.*

Zu den gewöhnlichsten Funden aus Gräbern der ersten Eisenzeit Mittel- und Südeuropas gehören gewisse flache, dreieckige oder trapezförmige Bronzeanhängsel, die meist als »Klapperschmuck«, »Rasselbleche« oder ähnlich bezeichnet werden. Sie sind oft in Reihen mittelst Kettchen oder Ringen an verschiedenen Tracht- und Schmuckstücken, Waffen oder Geräthen (an Schilden, Gefässen, Deckeln, Gürteln, Fibeln, meist aber an grösseren Gehängen) befestigt, vgl. z. B. Sacken, Das Grabfeld von Hallstatt, Taf. VIII, Fig. 8; Taf. XI, Fig. 4; Taf. XII, Fig. 9—13; Taf. XIII, Fig. 1, 2, 4—6, 8; Taf. XIV, Fig. 15—17.

Bei metallkundigen Naturvölkern findet sich Aehnliches noch heute in Verwendung, so im Apparat der nordasiatischen Schamanen. Die Anhängsel sind hier gröber und aus Eisen gefertigt, sonst aber ganz »hallstättisch« stilisirt. Das Ceremonialgewand jener Zauberpriester, wovon auch die ethnographische Sammlung des naturhistorischen Hofmuseums ein gutes Beispiel bewahrt, beschreibt Stuhr, Die Religionssysteme der heidnischen Völker des Orients, S. 247, mit folgenden Worten: »Sie tragen lange morgenländische, meist lederne Röcke und Strumpfstiefel, häufig mit Blechgötzen, Schellen, Glöcklein und anderem Klimperwerk, Adler- und Eulenklauen, ausgestopften Schlangen. . . . Unter Schaudern wird diese Kleidung von

[1]) Band I dieser Mittheilungen, Nr. 3, S. 91.

den Schamanen angelegt, als ob damit ein anderer Geist in sie führe. Als Hauptwerkzeug der Unterredung mit den Geistern dient die Trommel,« u. s. w.

Aus Gräbern der Hallstattperiode stammen auch gestielte oder geöhrte bronzene Rasselgeräthe. Ferner fanden sich in Troja, Südungarn (Lengyel), in den nordslavischen Ländern und in Norddeutschland sehr oft thönerne Schellen, sogenannte »Kinderklappern«, wohl richtiger »Geisterklappern« zu nennen. In Norddeutschland hat man unter den prähistorischen Gräberfunden auch thönerne Trommeln erkannt, und möglicherweise war auch der mit Rasselringen und plastischen Vogelfiguren besetzte, oben mit getriebenen Rädchen und Vögelchen geschmückte bronzene Untersatz aus Hallstatt (Sacken, l. c., Taf. XXII, Fig. 3) eine solche Geistertrommel.

In den »Mittheilungen der Wiener Anthropologischen Gesellschaft« XXII, 1892, p. 109, dann im ersten Theile der vorliegenden Abhandlung, p. 102, habe ich gewisse anthropomorphe Varietäten des dreieckigen hallstättischen Bronzeanhängsels behandelt, und es schien sich herauszustellen, dass dieselben namentlich in Italien und dem angrenzenden Gebiete Mitteleuropas verbreitet seien. (Zu den a. a. O. gesammelten Beispielen gehört auch das Stück bei Barnabei, Ant. del terr. Falisco, Atlas Taf. IX, Fig. 48.) Da solche »Blechgötzen« mit mehr oder minder deutlichem Kopf und Aermchen auch in punischen Gräbern von Tharros auf Sardinien vorkommen und gewiss die aus punischen Votivstelen, Münzen, Stempeln u. s. w. bekannte schematisirte Menschenfigur wiedergeben, schien es nicht zu gewagt, jene Dreiecksanhängsel als halb symbolische Darstellungen einer weiblichen Gottheit anzusehen, als talismanische Zeichen, welche die Italiker und ihre nördlichen Nachbarn unter dem Einflusse phönikischer Handelsherrschaft kennen und tragen lernten.

Ueber den ausgestreckten Aermchen oder an Stelle derselben erscheinen bei solchen Anhängseln zuweilen symmetrisch gepaarte Vogelprotomen. In einzelnen Fällen (1. Theil, p. 103, Fig. 26 f.) hat es, soweit die geometrisirte Darstellung dies erkennen lässt, den Anschein, als ob zwei Vögelchen, nach Aussen sehend, auf den Schultern der Dreiecksfigur stünden. Auch auf punischen Stelen ist dieses Schema einer langbekleideten Menschenfigur zuweilen von zwei Vögelchen begleitet. Ich erinnerte auch schon an kyprische Münzbilder mit Tempeldarstellungen, in welcher das kegelförmige Idol auf verschiedene Art mit Vogelfiguren gepaart ist, sowie an die Taubengöttin und die Taubentempelchen von Mykene. Sehr alte böotische Grabvasen (Ephim. arch. 1893, Taf. 8—10) zeigen eine langbekleidete weibliche Gottheit in Vorderansicht mit ausgestreckten Armen, auf denen einmal ein Paar Vogelfiguren sitzen; ein andermal ist das steif bekleidete trapezförmige Idol mit seinen rechtwinkelig erhobenen Armen noch weniger zu verkennen. Es hat also auch Griechenland einmal ähnliche Einflüsse erfahren, ohne aber in die Ausbildung eines starren, zuletzt kaum mehr kenntlichen Symbols zu verfallen, wie es bei den Völkern am westlichen Mittelmeere und im Hinterlande der oberen Adria gefunden wird. Das westphönikische Zeichen der Tanit ist nur noch um einen kleinen Grad lebendiger als das bekannte Henkelkreuz der Aegypter, die »Hieroglyphe des Lebens«, welche so oft in den Händen mythischer Gestalten des Nillandes erscheint. Nach Ed. Meyer (in Roscher, Mythologisches Lexikon I, Sp. 2871) ist jenes Zeichen auch nur eine Umgestaltung dieses Amuletes. Aber das letztere ist selbst wohl nichts Anderes als eine abgekürzte Darstellung der Menschengestalt.

Undset hat (Zeitschr. f. Ethn. XXII, 1891, p. 243) bemerkt, dass der von zwei auswärtsgekehrten Vogelprotomen eingefasste Kreis, ein beliebtes Ziermotiv der ersten Eisenzeit Italiens, auf ein ägyptophönikisches Vorbild zurückgeht, welches ursprünglich die mit der Uräusschlange verbundene Sonnenscheibe darstellt. Er dachte jedoch nur an gewisse getriebene Verzierungen an Bronzegefässen und Bronzeschilden und übersah, wie ich bereits an anderer Stelle ausführte, dass dieses Motiv sehr häufig bei Bronzeanhängseln desselben Culturkreises auftritt. Dabei ist, wie in der von Undset nicht ganz correct abgebildeten Reliefsculptur von Um-el-Awamid, stets mehr oder minder deutlich die Mondsichel unten hängend angefügt.

So findet sich dieses Symbol nicht nur oft an Bronzegefässhandhaben, sondern auch an den Innenseiten von Rundschilden angehängt, z. B. aus der Tomba del guerriero zu Corneto (Mon. dell' inst. X, Taf. X, Fig. 1 b) und aus einem Grabe zu Sant' Anatolia di Narco, Umbrien (Mus. ital. II, p. 95, 126). Auch dieses Zeichen vereinfacht sich im Norden zu einem Paar hängender Hörner oder Spiralen oder einer daraus entstandenen Doppelscheibe. In diesen Formen erscheint es sehr häufig unter den Anhängseln der ungarischen Bronzezeit (Photogr. Atlas Antiqu. préhist. du Mus. nat. Hongr. Budap., Taf. XXX, Fig. 232—287, 289—292, 303 bis 321; Taf. XXXI, Fig. 25—28; Taf. XXXVIII, Fig. 1—7: Taf. XLI, Fig. 115; Taf. XLVI, Fig. 74—77) ebenso in der Bronzezeit der Schweizer Pfahlbauten (Gross, Protohelvètes, Taf. XXXIII, Fig. 18, 35, 50, 56).

Aus jenen beiden orientalischen Elementen: der mit Vögelchen besetzten Frauengestalt und dem von Vogelköpfen (ursprünglich Schlangen) flankirten Kreis- oder Sonnenzeichen, erklären sich verschiedene Combinationen, die unter den prähistorischen Schmuck- und Amuletformen vorkommen. Die Verschmelzung eines kegelförmigen Idols mit dem aus der Scheibe und zwei Schlangen gebildeten Zeichen findet sich bereits in phönikischen Arbeiten. Ein Skarabäus aus Sardinien (Perrot-Chipiez, III, p. 656, Fig. 464, hier Fig. 1) zeigt einen gitterförmig gestreiften Kegel, von dessen oberem Ende die schon hier wie lange Vogelprotomen gestalteten Uräusschlangen ausgehen; zwischen den letzteren befindet sich die Sonnenscheibe (Kopf der schematischen Menschenfigur, Ring des daraus gebildeten Amuletes), darüber noch eine Palmette. Ein anderer Skarabäus (ebenda Fig. 465) zeigt ebenfalls ein kreuzweise gestreiftes Idol, darüber die ganze Gestalt des Uräus mit Sonne und Mond, wie sie in anderen phönikischen Werken, z. B. einer Schale (l. c., p. 740, Fig. 402, 404), auf einer Säule erscheint.

Fig. 1. Skarabäus aus Sardinien.

Es werden also nicht nur die unten mit hängender Mondsichel ausgestatteten, sondern auch die trapezförmigen Anhängsel mit doppelter Vogelprotome als Nachbildungen orientalischer, speciell phönikischer Cultsymbole zu betrachten sein, womit uns der Weg gezeigt ist, auf welchem »Blechgötzen« und mancherlei »Klapperwerk« der Hallstattperiode im Norden Eingang gefunden haben. Zur geometrisch vereinfachten menschlichen — speciell langbekleideten weiblichen — Figur, wie sie aus Tempelbildern, Idolen und Amuleten bekannt war, passt stilistisch ganz wohl der aus dem Motiv der beiden Uräusschlangen entstandene symmetrische Besatz mit zwei Vogelköpfen. Die Gottheit, deren Symbol dies war, ist wohl keine andere als die, welche sonst auch unbekleidet und mit Vögelchen besetzt erscheint, ob wir sie nun Astarte, Tanit, Aphrodite oder wie immer nennen wollen.

So erklärt sich eine lange Reihe sonst räthselhafter Bildungen unter den prähistorischen Bronzen Italiens und Mitteleuropas. Es sei gestattet, einige Beispiele anzuführen. In einem kleinen Bronzekamm von Dôle (Mortillet, Mus. préhist., Taf. LXXXVI, Fig. 993) erkannte schon der Herausgeber die Nachbildung einer Menschenfigur, welche ich (Mitth. Anthr. Ges. Wien XXII, p. 113) leugnete, indem ich statt der Aermchen Vogelköpfe erkannte. Dies tadelt wieder S. Reinach (L'Anthr. V, 1894, p. 301), der die Vogelköpfe nicht sieht und sie für einfache Aermchen erklärt. Der Kamm, sicher ein Amulet wie so manche »Zauberkämme« älter und neuerer Völker, ist aber als Menschenfigur gestaltet, aus der statt der Arme Vogelköpfe hervorwachsen, wie aus dem im ersten Theile dieser Abhandlung p. 105, Fig. 39 mitgetheilten Anhängsel von Cupra maritima. Mit Unrecht sagt Reinach: »In dem noch unsicheren Streben nach Menschenähnlichkeit, welches die Arbeiten dieser Zeit zeigen, ist die Bildung der Arme Nebensache.« Wir werden reichlich sehen, dass diese Zeit — rund und allgemein etwa um 600 v. Chr. — keineswegs nur so kindliche Arbeiten hervorbrachte, und dass der schematisch rohe Stil der letzteren vielmehr aus dem Amuletcharakter dieser Bildwerke zu erklären ist. Mit Unrecht verweist Reinach auch auf »eine seltsam geformte Fibel aus Vetulonia«, welche eine originelle Entwicklung desselben Typus darstelle. Das von Reinach abgebildete Stück (Falchi, Vetulonia, Taf. XVII, Fig. 11) ist einmal keine Fibel, dann aber zeigt es unzweifelhaft zwei gegen die Mitte gekehrte ganze Vogelfiguren und dazwischen zwei auswärts gekehrte halbe Menschenfiguren. Reinach hätte dies auch sehr leicht sehen können, wenn er das (bis auf die menschlichen Protomen) ganz gleiche Stück l. c. XV, 39 verglichen hätte.

Ein bronzenes Rasirmesser aus Villeneuve-St. Georges, Seine et Oise (Mortillet, l. c. XCV, 1185) hat einen durchbrochenen Griff aus einem Mittelstabe mit Ring und zwei seitliche Ringe, welche durch abwärts gekrümmte Stäbe mit dem Mittelstab verbunden sind. Mittelstab und Klinge bilden die kaum mehr kenntliche Menschenfigur; die seitlichen Ringe und die Verbindungsstäbe sind Vogelköpfe mit langen Schnäbeln.

Mehr oder minder Aehnliches findet sich in unzähligen Wiederholungen. In einem Aufsatz über die ornamentale Verwendung der Thiergestalt in der prähistorischen Kunst (Mitth. Anthr. Ges. Wien XXII, p. 112) habe ich eine Sammlung von Beispielen der Vogelsymbolik in der Hallstattperiode und der gleichzeitigen vorgeschrittenen Bronzeperiode vorgeführt. Es finden sich neben einzelnen oder in Reihen gebildeten Vogelfiguren namentlich oft symmetrisch gepaarte Vogelprotomen, meist nach Aussen sehend, an Gefässen, Deckeln, Gürteln, Schilden, Gehängen, Hausurnen, Kesselwagen u. s. w. Oft ist das runde Mittelstück vorhanden, oft fehlt es auch, und die gekuppelten Vogelhälse bilden eine schifförmige Figur. Diesen Vogelfiguren und Vogelköpfen wurde sicherlich eine hohe talismanische oder apotropäische Bedeutung beigemessen, und der stilistische Schwung, der in diesen Darstellungen erreicht wurde, ist nur die Folge der häufigen, nicht blos decorativen Wiederholung. Der Vogel ist Symbol und Begleiter einer mütterlichen Gottheit, als Seelenthier Attribut der Seelenbeherrscherin. Denn so wird er im Glauben der Naturvölker fast überall aufgefasst. Er ist das eigentliche Seelenthier, ob er nun als Leichenfresser die Geister der Verstorbenen in sich aufnimmt oder blos durch sein Weilen und Schweifen in Luft und Wind, auf Baumwipfeln und Berghöhen, in Höhlen und über dem Wasser, das vermeintliche Wesen der vom Körper geschiedenen Seele treu darstellt. Deshalb wird er schon von der Kunst der ältesten Zeiten weiblichen Gottheiten, die als Herrscherinnen in der Geisterwelt gedacht sind, beigegeben oder substituirt. Dies ist der Ursprung der Verbindung zwischen dem Weibe und der Vogelgestalt, was auch später als secundäres Motiv derselben erscheinen mag; und dies ist auch der Grund, weshalb die postquartäre prähistorische Kunst dieses Thier lieber als jedes andere formt und zeichnet, während die Jägerkunst der Quartärzeit in ihrer nüchternen Weltlichkeit den ökonomisch geringwerthigen Vogel nur selten darstellt.

Wenn damit die geistige Grundlage jener Combinationen richtig bezeichnet ist, so möchte man glauben, dass es zur Ausbildung solcher Symbole in Europa fremder Intervention nicht bedurft habe. Indessen ist die letztere doch zweifellos erfolgt und hat der Bildnerei der ersten Eisenzeit ihr unverkennbares Gepräge aufgedrückt. Wir werden zu zeigen versuchen, dass zu einer ganz bestimmten Zeit fremde, im Orient ausgebildete Göttergestalten in Italien Fuss gefasst und hier einen zur Aufnahme bereiten Boden vorgefunden haben. Es wird sich noch klarer herausstellen, dass die abgekürzten und halb unverständlichen schematischen Darstellungen auf eine Uebertragung der Formen zurückgehen, deren Ausgangspunkt jenseits des Mittelmeeres gesucht werden muss.

## 2. Rundfiguren.

Schon im ersten Theile dieser Arbeit wurden einige italische Bronzen abgebildet, welche die Menschenfigur in deutlicher nackter Gestalt mit Vögelchen besetzt darstellen. Fig. 40 aus Villanova (nach Gozzadini, Intorno ad altre LXXI tombe del sepolcr. Etr. scop. pr. Bologna, Fig. 5) ist das Bruchstück einer jener kleinen bronzenen Toilettegeräthe, über welche ich im Arch. f. Anthr. XXIII, p. 629 f. gehandelt habe.

Diese kleinen kosmetischen Instrumente sind hauptsächlich in Mittel- und Oberitalien, dann in den angrenzenden Alpenländern verbreitet und gehören hier der jüngeren, italisch beeinflussten Hallstattperiode an. Den Griff jenes Stückes bildet eine stehende nackte Frauenfigur mit symmetrisch erhobenen, kugelförmig endigenden Armen. Der Griffring auf dem Haupte des Figürchens ist mit zwei abwärts, die Hüften des letzteren mit zwei aufwärts gekehrten Vögelchen besetzt. Genaueres über die Zeitstellung der einzelnen Fundstücke von Villanova ist nicht bekannt, da ein nach Gräbern geordnetes Fundverzeichniss wohl existiren soll, aber nicht publicirt ist. Doch fand sich ein bis auf die Vögelchen ganz gleiches, vollkommen erhaltenes Toilettegeräth, in welchem wir hier ein Gäbelchen mit zwei ganz kurzen Zacken erkennen, an einer Sanguisugafibel der älteren Gräber des Fondo Arnoaldi (Gozzadini, Scavi Arnoaldi, Taf. XII, Fig. 12), woraus hervorgeht, dass auch das Bruchstück aus Villanova der Periode Arnoaldi I, das ist der letzten voretruskischen Stufe der Gräber bei Bologna (etwa 600—500 v. Chr.) angehört. Diese Arnoaldi-Gräber lieferten (l. c. XIII, 5) auch eine Nadel aus Bronze, welche das Schema jener Menschenfiguren offenbar absichtlich wiedergibt.

Fig. 41 aus Falerii (nach Not. d. Scavi 1887, Taf. VI, Fig. 6) ist ein Bronzegeräth unsicherer Bestimmung, welches der Hauptsache nach aus zwei zusammengefügten, mit Vogelfiguren besetzten Rahmen besteht, in welche je eine menschliche Figur mit ausgestreckten Armen eingefügt ist. Beide sind an den Armen, Knieen und am Leibe mit Vogelpaaren besetzt. Bei einer dieser Figuren scheint noch ein Vogel mitten auf dem Oberleibe zu sitzen. Darüber erscheinen, unnatürlich hoch sitzend, halbkugelige Brüste; diese Figur ist also weiblich. Die Gegenfigur lässt männliche Geschlechtstheile erkennen, so dass wir hier Mann und Weib gepaart sehen. Dies ist schon richtig erkannt von Cozza und Pasqui l. c., p. 310, welche in dem Gegenstande auf dem Oberleibe der Frau ein Kind zu erkennen glauben und das ganze Stück einer Pferderüstung zurechnen. Sie zählen dazu auch einen viereckigen Ring mit der Protome eines gehörnten, den Rachen öffnenden Thieres, auf dessen Stirn drei Vögelchen sitzen (l. c., Taf. VI, Fig. 4). In diesem Grabe fand sich Schmuck und Anderes aus Gold (lavoro granulato) und Silber, dann Buccherogefässe, lauter Gegenstände, welche wir ebenfalls dem VI. Jahrhundert zuschreiben dürfen. Wir werden also auf die Zeit um 600 v. Chr. als diejenige geführt, in welcher jener Typus in Italien Eingang gefunden haben mag.

Seit dem Erscheinen des ersten Theiles dieser Abhandlung hat Brizio, Mon. ant. Acc. Linc., 1895, die Funde aus der Nekropolis von Novilara bei Pesaro publicirt. Im älteren Theil dieses Gräberfeldes (Molaroni) fanden sich trapezförmige, fast rechtwinkelige Bronzeanhängsel (l. c., Taf. VIII, Fig. 32, 34), deren langgestielte Oese einem Menschenkopf auf übermässig langem Halse entspricht, während symmetrische Seitenansätze Arme oder Thierköpfe darstellen. An den unteren Rändern dieser Blechfiguren sind kleine, ähnlich geformte Anhängsel mittelst Ringen oder längeren Kettchen befestigt. Ausserdem erscheinen plastische Bronzeanhängsel in vollkommen deutlicher nackter Menschengestalt (l. c., Fig. 28), den einen Arm in die Hüfte gestemmt, den anderen zum Haupte erhoben. Das Geschlecht ist undeutlich, oder es ist überhaupt, und zwar absichtlich, keines angegeben. Der Gestus ist keineswegs gleichgiltig, wir werden ihn an ähnlichen Bildwerken Unteritaliens wiederfinden. Im jüngeren Theil der Nekropole (Servici) zeigt sich derselbe orientalische Einfluss wie in Narce und Vetulonia, wenn auch nur Weniges (ein Paar Figürchen aus grünlicher Glaspasta, p. 278, Fig. 72 f.) wirklicher Import sein mag. Die einheimischen italienischen Arbeiten zerfallen in Bronze-, Bein- und Thonfiguren. Die ersteren sind zum Theil Griffe kleiner Toilettegeräthe, zum Theil freie Anhängselfiguren. Unter den Griffiguren gleicht eine (p. 276, Fig. 69) so völlig dem oben beschriebenen Anhängsel aus Villanova, dass man vermuthen darf, beide Stücke seien aus einer Gussform hervorgegangen und nur durch die Ciselirung nachträglich etwas differenzirt worden. Dagegen ist das Stück aus Novilara besser erhalten, es zeigt die ganze Länge und das gabelförmige untere Ende des Nagelputzers oder wie man das kleine Instrument sonst nennen mag. Sehr häufig erscheint dieselbe nackte weibliche Gestalt mit Kugeln in den symmetrisch halb erhobenen Händen, aber ohne Vogelbesatz auf den Schenkeln und dem Tragringe, in anderen Gräbern dieser Stufe (z. B. Brizio, l. c., Taf. XI, Fig. 3), regelmässig als Griff solcher Toilettegeräthe. Brizio erkennt darin mit Recht Venus nach phönikischer Conception und erinnert an die mykenische Taubengöttin. Aber auch andere figurale Conceptionen finden sich als Griffe solcher Bronzestängelchen; so Taf. X, Fig. 21 ein sitzender Affe, der den Kopf in die Hände stützt. Brizio S. 276 verweist auf Analogien aus Narce (Ant. terr. Fal., Taf. IX, Fig. 20, Bernstein), Vetulonia (Falchi, VII, 4, Bernstein) und Bologna-Arnoaldi (Gozzadini, I, 1, VI, 18, eingepresste Thongefässfigur), welche erkennen lassen, dass diese Thierfigur der italischen Kunst jener Zeit nicht fremd war. Das Aeffchen von Novilara sollte eigentlich die Ellbogen auf die Kniee stützen, und so war es vielleicht auch in der Gussform vorgebildet. Durch Nacharbeiten mit der Feile mag diese Verbindung unterbrochen worden sein. Dieses Geräth ist ein (Ohr-?) Löffelchen. Ferner ist Taf. XIV, Fig. 22 ein Nagelputzer abgebildet, dessen Tragring die typische Schlüsselgriffform zahlreicher verschiedenartiger Anhängsel aus den Arnoaldi-Gräbern bei Bologna zeigt. Vom Griffe selbst ragen paarweise übereinanderstehend vier Menschenköpfe vor. Brizio sieht darin zwar nur »quattro pallottoline appaiate«; aber nach der Abbildung sind darin menschliche Köpfe zu erkennen. Sie stellen vermuthlich dieselben abbreviirten fremden Viergötter dar, die wir als vier Köpfe eines Candelabers aus Vetulonia wiederfinden werden. An dem grossen Schmuckapparat l. c., Taf. XI, Fig. 3 hängt auch ein Toilettegeräth, dessen getheilter Griff mit zwei undeutlichen, nach auswärts sehenden Vogelköpfchen verziert zu sein scheint.

Fig. 2. Bronzefigur aus Novilara.

Ausser diesen Griffgestalten fanden sich ein Paar freie Bronzefiguren (Brizio, p. 277 f., Fig. 70, 71), nackte Frauen darstellend. Die eine davon (hier Fig. 2) trägt einen schmalen Gürtel, legt die Rechte auf die Brust, die Linke auf den Bauch, oberhalb der durch einen Verticalstrich und umherstehende Pünktchen ausgedrückten Rima (dies hat Brizio nicht richtig aufgefasst, wenn er sagt: »con la mano destra accenna a coprirsi il seno, con la sinistra la natura«). Das Haar ist rückwärts zu einer gegen das Ende wieder breiter werdenden langen Flechte zusammengefasst. Auf dem Scheitel befindet sich das kleine Oehr zum Anhängen. Die thierisch rundgebildeten und wegstehenden Ohren sind zur Aufnahme von Ringelchen durchbohrt. Gesicht und Körper sind ganz roh geformt, die Hände flach und gross. Die zweite Statuette (hier Fig. 3) ist noch roher; die verkrümmten Arme sind aus Draht separat gebildet und nachträglich in Ausbohrungen am Rumpfe eingesetzt. Sie zeigen nicht mehr genau die ursprüngliche Haltung, die aber wohl ganz ähnlich war wie bei der ersten Figur. Gürtel und Haare fehlen; auf dem Haupte trägt die Figur eine Vase mit Fuss und Halskehle, durch welche letztere der Anhängering gezogen ist.

Aus Bein sind mehrere handförmige Anhängsel (eines davon Taf. XIV, Fig. 18) und ein Fisch (Fig. 20). Der Fisch kommt, aus Bernstein geschnitzt, auch in orientalisirenden Gräberschichten Vetulonias vor (Falchi, Taf. VII, Fig. 4) und ist wohl als ein phönikisches Symbol anzusehen; ebenso die offene Hand, welche, häufig auch aus Bronze geformt, in gleichzeitigen Culturschichten Italiens sehr gemein ist (Brizio, l. c., p. 275). Sie findet sich unter Anderem in den Gräbern Arnoaldi-Bologna (Gozzadini, Taf. X, Fig. 11),

Este, Predelle bei Gozzo, in der Terramararegion bei Corropoli (Mus. preist. Rom), dann im Alpengebiet, in Sta. Lucia (Küstenland), Rudolfswerth (Krain, Arch. f. Anthr. XXIII, p. 628, 630 f.).

Unter den Thonsachen befinden sich ein Gefäss in Gestalt eines vierfüssigen, gehörnten Thieres mit geometrischer Graffitoverzierung und hohem Henkel (l. c., Taf. XI, Fig. 25), und ein Doppelgefäss, dessen Henkel eine Pferdefigur bildet (p. 207, Fig. 46). Diesen beiden Stücken Aehnliches bietet auch die Villanovagruppe. Ein kugeliges Thongefäss mit geometrischer Verzierung und drei röhrenförmigen Mündungen (Brizio, Taf. XIII, Fig. 16, vgl. 15, hier Fig. 4) hat als Henkel eine nackte Frauenfigur, die mit ihren Händen zwei der Mündungen fasst. Kopf und rechter Arm fehlen. Rückwärts sieht man eine lange Haarflechte und den (doppelten) Gürtel, vorne ein doppeltes Halsband und die Kennzeichen des Geschlechtes. Die Bildung ist vollkommen gleich den oben beschriebenen Bronzefiguren. Auch Orsi (Centr.-Bl. f. Anthr. I, 1896, p. 101) erkennt in dieser zweifellos localen Arbeit eine Nachahmung der bronzenen Astartefiguren, scheint jedoch hinsichtlich der letzteren im Irrthum zu sein, wenn er in ihnen lieber Gegenstände directer phönikischer Einfuhr als locale Nachbildungen sehen will. Auch glauben wir, dass er die Zeit der Gräber von Servici falsch beurtheilt, wenn er sie in das IX.—VII. Jahrhundert hinaufrückt. Nach aller Wahrscheinlichkeit stammen sie aus der letzten Zeit vor der Ausbreitung der etruskischen Herrschaft in Oberitalien (Periode Arnoaldi bei Bologna, höchstens 700—500 v. Chr.). Typische Formen sind z. B. die bronzenen Helmhauben mit ringsumlaufenden Krempen, wie in Watsch und anderen alpinen Fundorten, einschneidige eiserne Hiebwaffen mit leicht abwärts gekrümmter Klinge, zu welcher der Griff einen stumpfen Winkel bildet (solche Schwerter erscheinen in griechischen Vasenbildern des V. Jahrhunderts und gleichzeitig als Originalstücke in mitteleuropäischen Gräbern: Hallstatt, St. Michael), ferner: Kahnfibeln mit seitlichen Bügelecken, langem Fuss und Schlussknopf, sowie Schlangenfibeln mit doppeltem Hörnchen, also im Ganzen keineswegs sehr alte Formen, die wir im Norden dem V. Jahrhundert zurechnen. In Italien können sie höchstens um ein Jahrhundert älter sein. Unter den Bronzegefässen sind weitgerippte Cisten mit beweglichen Henkeln, welche auf dieselbe Zeit hinweisen.

Fig. 3. Bronzefigur aus Novilara.

Die Zeitstellung der Gräber von Servici ist von besonderem Belang wegen der dort gefundenen Stelen mit Inschriften oder bildlichen Darstellungen, sowie Ornamenten «mykenischen» Charakters. Auch die Bildwerke dieser Grabsteine haben ihre nächsten, wenn auch raren Analogien unter den Funden auf dem Grundstück Arnoaldi bei Bologna, wo ganz ähnliche rohe figürliche Steinzeichnungen vorkommen. Diese picenische Gruppe dürfte also um 600 v. Chr. geblüht haben. Wenn sie nun ornamentale und figurale Motive enthält, dergleichen die Ostküste Griechenlands schon in mykenischer Zeit besessen, wie die verbundenen Spiralreihen der Grabstelen und die nackte, mit Vogelfiguren besetzte Göttin, so können diese Elemente nicht an die rasch fortschreitende griechische, sondern nur an die stabile orientalische Cultur angeknüpft werden. Nicht griechischer, sondern phönikischer Verkehr hat diese Typen an die Ostküste Italiens in Umlauf gesetzt; denn der griechische Handel hatte um diese Zeit schon ganz Anderes zu bieten als das alterthümliche Spiralmuster und die Vorbilder jener nackten Götterfiguren aus Thon und Bronze.

Schon Helbig (Das hom. Epos[2], p. 42 f.) sah in Picenum das Beispiel einer in der Cultur zurückgebliebenen Landschaft im Osten des Apennin und schrieb unter Anderem die unclassische Neigung für den Bernsteinschmuck der geringeren Stärke des griechischen Einflusses zu. Gamurrini und Brizio (Not. d. Sc.

1892, p. 14, 224) unterscheiden hier zwei Stufen, die von Novilara-Molaroni mit Kahn-, Schlangen- und Thierfibeln, Nagelputzern u. dgl. aus dem VI. Jahrhundert und die von Numana bei Ancona (fondo Marchetti) mit Certosafibeln und griechischen Thonschalen freien Stils aus dem IV. bis III. Jahrhundert (Einiges auch älter). Auch in Numana fanden sich Grabstelen von der Form trapezförmiger Platten wie in Novilara-Servici (Not. d. Sc. 1891, p. 116). Diese ostitalisch-adriatische Gruppe geht in Krain (St. Michael), Küstencroatien (Prozor) und Bosnien (Jezerine) in die La Tène-Cultur über und nicht einmal in die Früh-La Tène-

Fig. 4. Thongefäss aus Novilara.

Stufe, sondern in die Zeit der mittleren Formen dieser Periode (ca. 300—150 v. Chr.). Vgl. das reiche Grab von San Ginesio Not. d. Sc. 1886, Taf. I, p. 39—48, nach Silveri-Gentiloni ein Ergebniss des tarentinischen Handels an der Ostküste Italiens.

Wenn aber auch griechischer Verkehr auf der Adria die picenische Culturgruppe erst spät beeinflusste, so scheint doch schon in älterer Zeit Unteritalien an dieser Entwicklung betheiligt. Schon in den Gräbern Molaroni erscheinen ein apulischer Becher und ein paar messapische Gefässe mit streng geometrischer Decoration (nach Orsi aus dem VIII. Jahrhundert [?]), und die Bronzen zeigen eine Mischung von Typen der Villanovagruppe mit solchen, welche bestimmt anderer, wohl unteritalischer Herkunft sind und an den Nordostgestaden der Adria, sowie im dinarischen Binnenlande ein langes Nachleben gefunden haben. Der Unterschied der Bestattungsweise (ausschliesslich Skeletgräber) verräth ein anderes Volk als in Umbrien. Vielleicht waren die Träger dieser Culturgruppe mit den illyrischen Messapiern und den Bewohnern der Gegenküste durch Stammverwandtschaft verknüpft, welche den Austausch der Culturgüter erleichterte. Orsi führt den besonderen Charakter der picenischen Gruppe auf drei verschiedene Culturströmungen zurück: eine nordwestliche (umbrische), eine südliche (messapisch-griechische, welche bis nach Istrien hinaufreichte und Thongefässe, sowie vielleicht auch Fibelformen vermittelte), und eine überseeische (phönikische, vielleicht auch archaisch-griechische [?], welche Astartefiguren, Glasperlen u. dgl. brachte). Mit grösserer Sicherheit dürfte sich die Genesis der picenischen Gruppe der ersten Eisenzeit, wie sie in Offida, Cupra marittima, Carpineto, Numana, Novilara u. s. w. zu erkennen ist, erst nach weiteren Entdeckungen bestimmen lassen. Sollte indess nicht der südliche und der überseeische Culturstrom zusammenfallen in einen solchen, der auf Seewegen Unteritalien erreichte und sich dann weiterhin an der Adria, zu Lande oder im Nahverkehr zwischen seefahrenden europäischen Stämmen, verbreitete?

Wir gehen also weiter nach Süden, indem wir Umschau halten, wo etwa Aehnliches wie die Bronzen von Novilara in Culturschichten gleichen Alters angetroffen wurde. Der ältere Theil der Nekropole von Suessula bei Cancello enthielt in Gräbern aus dem VI. Jahrhundert smaltene Idole und Skarabäen ägyptischen Stils. Aus diesen Gräbern stammt ein mit zwei Vogelköpfen besetztes, oben gitterförmig durchbrochenes Dreiecksanhängsel (Röm. Mitth. II, 1887, p. 250, Fig. 19. Nr. 16, hier Fig. 5), die gitterförmige Durchbrechung erinnert an das Gittermuster des Symbols auf dem oben citirten punischen Skarabäus aus Sardinien (Perrot-Chipiez, III, p. 656, Fig. 464). Aus denselben Gräbern stammt ferner eine alterthümliche, gestreckte Fibel (ad arco di violino, v. Duhn, l. c. Nr. 5, hier Fig. 6), auf deren Bügel als plastischer Aufsatz eine auf zwei gekuppelten Vogelprotomen stehende menschliche Figur erscheint, welche die eine Hand

Fig. 5. Bronzeanhängsel aus Suessula.     Fig. 6. Bronzefibel aus Suessula.

zu dem mit Ohrringen geschmückten Haupte erhebt, die andere in die Hüfte stützt. Das Gesicht ist fratzenhaft gebildet und scheint die Zunge herauszustrecken; das Geschlecht ist nicht angegeben. Das Schema der Figur ist das der oben citirten Bronze von Novilara-Molaroni; die fratzenhafte Gesichtsbildung mit herausgestreckter Zunge erinnert an Besfiguren, wie sie um diese Zeit in Italien ziemlich starke Verbreitung gefunden haben. Die Arbeit ist aber wohl italisch.

### 3. Plattenwerke.

Aus Unteritalien kennt man eine Gruppe eigenthümlicher Bronzearbeiten, welche bisher wenig oder mindestens nicht genügend beachtet worden sind. Ein Theil derselben ist besprochen und publicirt von Kemble in einem Aufsatze »On some remarkable sepulchral objects from Italy, Styria and Mecklenburg (Archaeologia, Lond. XXXVI und Horae ferales, p. 213). Ein Grabfund aus Campanien [1]) enthielt besonders merkwürdige Dinge und bestand nach Kemble aus folgenden Stücken:

1. Ein grosses, seiner Hauptgestalt nach kegelstutzförmiges Bronzegeräth (Hor. fer. XXXIV, 1, hier Fig. 7), gebildet aus zwei horizontalen, durch vier gedrehte, mit Granatäpfeln geschmückte Säulen verbundenen, kreisförmigen Platten. In der Mitte der unteren Platte steht ein Rinderpaar mit Joch und Deichsel, vor und hinter demselben, nach der Mitte gewendet, je eine thierköpfige androgyne [2]) Menschenfigur, rechts und links, nahe dem Rande, zwei durchbrochene Dreiecksanhängsel mit Tragring und je zwei Vogelköpfen (vollkommen gleich dem oben citirten Anhängsel von Suessula), vor jedem derselben, nach Innen gekehrt, je zwei thierköpfige Menschenfiguren ohne Geschlechtsandeutung auf doppelten Vogelprotomen, einen Arm zum Kopfe erhoben, den andern in die Hüften gestemmt, mit Ohrringen und Ringen am Hinterkopf (gleich dem oben citirten Fibelaufsatz von Suessula). Die Vogelprotomen tragen Ringe in den Schnäbeln. Am Rande stehen abwechselnd zehn auswärts gekehrte Vögelchen mit Ringen in den Schnäbeln und zehn Granatäpfel. Die Stäbe, mit welchen die Vögelchen am Plattenrande festgezapft sind, laufen unter denselben in

---

[1]) So nach Payne Knight (bei Kemble, Hor. fer., p. 243, 247), der ihn erwarb, und aus dessen Besitz er in das britische Museum überging. Der Genannte glaubte auch das Jahr und den Ort des Fundes angeben zu können, hatte sie aber nicht gegenwärtig und liess daher in seiner handschriftlichen Notiz die Stellen für diese beiden Daten leer.
[2]) So nach der Beschreibung Kemble's. In der Abbildung ist der Phallus unterdrückt.

Drahtspiralen aus. Ebensolche Vögelchen umgeben im Kreise die obere Platte, deren Mitte ein grösserer gehörnter Vogel einnimmt.

Dieses Stück wurde kürzlich wieder abgebildet, aber nicht weiter behandelt von S. Reinach, L'Anthr. VII, 1896, p. 188, Fig. 441. Nach dem Zusammenhang, in welchen Reinach dasselbe bringt, hält er es für ein Product europäischer Plastik »avant les influences gréco-romaines«. Er nennt es kurz: »un objet extraordinaire, découvert, assure-t-on, dans l'Italie centrale(?), et qui pourrait bien être le produit d'une restauration audacieuse, due à quelque ‚pasticciatore‘ napolitain«. Doch meint er »les éléments sont certainement antiques«. Was den Verdacht einer modernen Zusammenstoppelung betrifft, so könnte eine Nachprüfung des Originals darüber vielleicht Klarheit bringen. Indessen ist es auch wohl möglich, dass Objecte, welche ursprünglich nicht für diesen Zusammenhang geschaffen wurden, schon in alter Zeit zu dieser seltsamen Composition vereinigt wurden. Zunächst erwecken die beiden, so unlogisch mit ihrer Basis aufgestellten Anhängselfiguren die Vermuthung, dass sie ihrer ursprünglichen Bestimmung entfremdet seien. Aber auch die auf gekuppelten Vogelprotomen stehenden Dämonenfiguren haben, wie erwähnt, kleine Ringe im Hinterhaupt, sind also vielleicht ebenfalls ursprünglich als Anhängsel gedacht. Allein diese Erscheinung wiederholt sich (in Gestalt von Oesen am Hinterkopf, die Ringe sind nicht immer erhalten) bei den Figuren mehrerer ähnlicher Plattenwerke, unter Anderem bei einigen kleineren Gestalten des bekannten Plattenwagens, der bei Strettweg in Steiermark in einem Tumulus ausgegraben wurde. Vielleicht sind also schon in alter Zeit verschiedene Hände — solche, welche die Figuren zu beliebigem Gebrauche herstellten, und andere, welche sie in bestimmte Verbindungen brachten — an der Entstehung derartiger Werke betheiligt gewesen. Bei dieser Möglichkeit erscheint es noch misslicher, in den Gehalt solcher Arbeiten eindringen zu wollen. Dennoch soll dies hier versucht werden.

Fig. 7. Bronzenes Plattenwerk aus Campanien.

Das beschriebene Bildwerk besteht zunächst aus zwei übereinander geordneten Figurenkreisen, und es liegt nahe, hierin nach der Analogie orientalischer Darstellungen einen Götterkreis des Himmels und einen solchen der Erde oder der Unterwelt zu erblicken. Dem entspricht auch die Bildung der Gestalten in diesen getrennten Sphären. Im Centrum der Oberplatte erscheint jener gehörnte Vogel, der auch sonst in italischen Bronzebildwerken der ersten Eisenzeit, namentlich in Wagengebilden, vorkommt. Er ist umgeben von einem Kreise gewöhnlicher Vogelfiguren. Durch Grösse, centrale Stellung und Hörnerpaar ist die Mittelfigur als Herrscherin im Reiche dieser Flügelwesen bezeichnet. Gemeint ist also wohl dieselbe Gottheit, die sonst als Frau gebildet und mit Vogelfiguren besetzt oder in geometrischer Abkürzung von Vogelprotomen flankirt ist. Hier ist ihr die Vogelfigur substituirt, und als besonderes Abzeichen trägt sie das Merkmal der ägyptischen

Himmelskönigin Isis, welche ja mit Kuhhörnern, kuhköpfig oder ganz als Kuh dargestellt wurde. Isis ist nach ägyptischer Vorstellung die grosse Himmelskuh, welche der löwenköpfige Luftgott mit seinen Armen oder mit vier an den Enden der Erde aufgerichteten Pfählen stützt, (vgl. die vier Säulen des campanischen Plattenwerkes). Doch erscheinen in der Osirissage Isis und Nephthys oft auch als zwei schützende Vögel, welche den Knaben Horus in ihrem Neste aufziehen (Ed. Meyer in Roscher. Mythologisches Lexikon II, Sp. 362). Die Verpflanzung einer kuhköpfigen oder kuhhörnigen Himmelsgottheit auf europäischen Boden kann natürlich nicht den Aegyptern, sondern nur den Phönikern zugeschrieben werden. Diese erhielten durch Verschmelzung ihrer Astarte mit der Isisgestalt, infolge der Abhängigkeit ihrer religiösen Kunst von Aegypten, ebenfalls eine mit Kuhhörnern gekrönte Himmelskönigin und brachten dieselbe nach Westen, nach Unteritalien. Das Thierattribut der Astarte ist aber nicht die Kuh, sondern der Vogel, und so konnte durch Substitution des letzteren unter Beibehaltung des typischen Kopfschmuckes ein gehörnter Vogel entstehen. So lange diese Mischfigur nicht im Orient nachgewiesen ist, kann sie als europäische Conception gelten, obwohl die originelle alteuropäische Kunst sonst nicht zur Bildung solcher Fabelwesen neigt und dieselben stets dem Orient entlehnte.

In den Figuren der Unterplatte scheint Alles auf Erde und Unterwelt hinzudeuten. Ohne dem Ausdruck unserer subjectiven Auffassung irgend ein bestimmendes Gewicht beizulegen, dürfen wir das gejochte Rinderpaar auf den Ackerbau und die Segnungen des Himmels beziehen. Die androgynen Figuren sollen vielleicht üppige Fruchtbarkeit anzeigen. So werden sie gewöhnlich aufgefasst, und das mag auch als secundäre Erklärung solcher Kunstgebilde späterhin befriedigt haben. Ursprünglich entstanden sie aber wohl durch naive Verschmelzung einer älteren weiblichen mit einer jüngeren männlichen Gottheit, wobei dem Körper der ersteren einfach männliche Geschlechtszeichen angefügt wurden. So entstand die erste polytheistische Gestalt, die sich dem Orient wegen der dort herrschenden Neigung für die weiblichen Reize unreifer männlicher Körper empfehlen mochte. Die beiden Anhängsel sind Cultsymbole, irdische Darstellungen der grossen Himmelskönigin. Die geschlechtlosen, mit drohend erhobenem Arm auf doppelten Vogelprotomen stehenden Viergötter mit ihren Fratzen- und Thiergesichtern mahnen an die phönikischen Kabiren. Eine solche Gestalt fand sich auf einer Fibel von Suessula mit herausgestreckter Zunge, also mit einer Besfratze. Die Beziehungen zwischen Bes und den Kabiren sind bekannt. Die gekuppelten Vogelprotomen, auf welchen jene Bronzefiguren stehen, bedeuten wohl Schiffe, was gut für die Kabiren passen würde; denn diese galten als Erfinder der Schiffahrt und wurden nach Herodot auf den Schiffen der Phöniker stehend abgebildet.

Ob diese Dämonen aber nun die Kabiren oder Bes, viermal genommen, vorstellen sollen, so scheint es, dass sie Unterweltsgottheiten, Todtenschiffer bedeuten. Auch Bes spielt in seiner Heimat die Rolle eines Unterweltsgottes und erscheint im 145. Capitel des Todtenbuches als »Wächter des zwanzigsten Pylons«. Auf der von Clermont-Ganneau (L'Enfer Assyrien, Rev. arch. XXXVIII, Taf. XXV = Perrot-Chipiez, II, p. 364, Fig. 162) publicirten Bronzereliefplatte aus Hama in Nordsyrien ist in vier Zonen Himmelszelt, Luftraum, Erde und Unterwelt dargestellt. In der obersten erscheinen uranische und andere Göttersymbole, in der zweiten eine Reihe löwenköpfiger Dämonen mit je einem gesenkten und einem erhobenen Arm, ein assyrischer Typus, der durch phönikische Vermittlung bis nach Italien gelangt ist. Zwei solche Dämonen stehen, gegen einander gekehrt, wie in anderen assyrischen Reliefs auch in der dritten Reihe, welche sonst einen aufgebahrten Todten und dessen Schutzgeister zeigt. Zuletzt ist die Unterwelt dargestellt. Der Unterweltsfluss ist durch schwimmende Fische bezeichnet. Rechts ist das Unterweltsparadies mit Bäumen und Todtenopfern, links der Pförtner der Unterwelt, eine Art Höllenhund, zu erkennen, welcher die Schrecken des Eintrittes ins Todtenreich versinnlicht. (Ein grösseres Bild desselben geschuppten vierflügeligen Unthieres mit Löwenleib und Vogelkrallen füllt auch die Rückseite der Platte und beherrscht die Vorderseite mit seinem überragenden Fratzengesicht.) Die an beiden Enden thierköpfige Todtenbarke bewegt sich von links nach rechts. In derselben kniet auf einem zusammengekauerten Pferde, den einen Fuss aufgesetzt, eine halb menschliche, halb thierische Gestalt als Todtenschiffer (hier Fig. 8). Sie hat beide Arme gleichmässig erhoben und hält Schlangen in den Händen. Auf dem thierischen Kopfe sitzt der Federschmuck des Bes. Ein bestimmtes Geschlechtszeichen fehlt. Nach Clermont-Ganneau und Perrot wäre die Figur weiblich. Unter den Armen erscheinen zwei anspringende kleine Löwen (nach den eben Genannten saugend an den Brüsten der Mischfigur), zwischen den Beinen noch eine undeutliche Thiergestalt (in der nachstehenden Figur der Undeutlichkeit wegen nicht wiedergegeben). Manches erinnert hier an den ägyptischen Bes, die griechischen Gorgonen und etruskische Todesdämonen.[1]) So das Knieen auf einem Beine (bei den beiden letzteren, aber auch bei der kleinen Figur, die als Krönung eines complicirten Bes-Kopfschmuckes der Metternichstele, Lanzoni, Dizionario di mitologia egizia, Taf. LXXXI ebenfalls mit erhobenen Armen auf einer Art Doppelschlange erscheint), das Halten von Schlangen, die zwischen den Extremitäten und unter den Füssen erscheinenden Thierfiguren (bei Bes, vgl. aber auch die Meduse der selinuntischen Tempelmetope). Dagegen ist das Antlitz der assyrischen Figur im Profil dargestellt. Wenn die Griechen ihr Gorgoneion der Besfratze nachgebildet haben (Stix, De Gorgone, p. 96), so hat ihnen, wie bei der Sphinx, eine weibliche Form dieser sonst männlichen Gottheit vorgeschwebt. Eine solche Form ist denn auch in echt orientalischen Bildwerken bezeugt: Stix, l. c., Taf. III, Fig. 1, Glasstatuette des Louvre; Lanzoni, l. c., p. 208, Taf. LXXV, Fig. 5, Kalksteinstatuette des Turiner Museums; Heuzey, Cat. fig. ant. Louvre I, p. 82, Anm. 1, alexandrinisches Terracotta des Britischen Museums. Dass solche Figuren in Italien Eingang fanden, zeigten die Ausgrabungen in Vulci, Micali, Mon. ined., Taf. L, Fig. 4 (ein Paar Schreckgestalten mit Federkronen als Gruppe, die eine weiblich, die andere männlich, beide legen je eine Hand aufs Haupt), daselbst zwei Einzelfiguren, Fig. 2 männlich, Fig. 3 weiblich, beide mit auf die Kniee gelegten Händen und herausgestreckten Zungen, vgl. Taf. LI.

Fig. 8.
Todesdämon von einer nordsyrischen Bronzereliefplatte.

Einem in Kunst und Religion so vorwiegend receptiven Volke, wie es die Phöniker waren, scheint, neben der Schaffung androgyner Figuren, auch die Bildung solcher Göttergruppen zu entsprechen: die Vermehrung fertig ausgeprägter fremder Göttergestalten, wie des echt ägyptischen Bes (der in seiner Heimat als weibliches Seitenstück die Nilpferdgöttin hat), zu Paaren, Doppelpaaren u. s. w., wovon die Hälfte, wie es bei den Kabiren der Fall zu sein scheint, männlichen, die Hälfte weiblichen Geschlechtes ist. Die Geschlechtslosigkeit der thierköpfigen, auf Schiffen stehenden Bronzefiguren des campanischen Plattenwerkes, welche ebensowohl für weiblich, als für männlich gelten können, ist vielleicht ein anderer Ausdruck derselben Parität. Diese vier dämonischen Gestalten weisen also ebenfalls nach keinem anderen als dem phönikischen Culturkreise hin.

---

[1]) Vielleicht gehen auch einige Züge des etruskisch-griechischen Hades «Eita» auf den Einfluss phönikischer Unterweltsgötter zurück. So erscheint dieser Herrscher im Todtenreiche in dem Wandgemälde eines Grabes zu Orvieto, Conestabile pitture murali, Taf. XI, mit Namensbeischrift neben Persephone (Phersipnai) thronend, auf dem Kopf als Kappe ein Löwenhaupt, in der Hand eine von einer Schlange umwundene Lanze tragend, das heisst, wenn wir den Schleier der griechischen Veredlungen hinwegziehen, löwenköpfig und eine Schlange haltend. Auch in der Tomba del Orco zu Cometo trägt Hades die von der Schlange umwundene Lanze und als Hauptbedeckung einen Thierkopf, welchen Helbig (Annali 1870, p. 67) für eine Wolfskappe erklärt.

Das Eindringen der ägyptophönikischen Kabiren in Italien erweckt die Vermuthung, dass sie dort, wie in Griechenland, mit irgendwelchen einheimischen Gottheiten identificirt wurden. Aus den Nachrichten über die griechischen Kabiren glaubt Bloch (in Roscher's Mythol. Lex. II, Sp. 2523 ff.) folgendes Bild gestalten zu können. »Phönikische Seefahrer brachten den Cult zweier Gottheiten, Vater und Sohn, nach Westen zu den griechischen Inseln. Es fiel den glücklichen Seefahrern nicht schwer, für diese Schutzgeister, deren fratzenhafte Bilder ihre Schiffe schmückten, Proselyten zu machen, zumal die Bewohner der von ihnen zunächst berührten Inseln auf die Seefahrt angewiesen waren und im Vergleich zu den anderen Griechen auf einer weniger entwickelten Culturstufe standen. Gleichwohl war bei dem Widerstand der griechischen Orthodoxie zweierlei nothwendig: die fremden Götter mussten zu den ansässigen in Beziehung gesetzt oder sogar mit ihnen identificirt werden, und der neue Cult musste zur Mysterienform seine Zuflucht nehmen. Der letztere Umstand beförderte seine Annäherung an den echtgriechischen vorhandenen Mysteriencultus, den der chthonischen Götter.« Hier sind die Kabiren als reine Fremdlinge aufgefasst. Wenn sie aber in Lykien, Kypros, Phönikien und Aegypten als Vier- und Achtgötterkreis gleicher oder zur Hälfte männlicher, zur Hälfte weiblicher Gestalten auftreten, während sie in Griechenland oft nur eine Zweiheit von Vater und Sohn oder älterem und jüngerem Bruder bilden, so ist vielleicht eben dies die specifisch griechische Auffassung. Sie ist wenigstens primitiver und lässt eine noch rein genealogische Cult- und Glaubensschichte durchblicken, während die Coordination von vier oder acht Gestalten, welche mit Stürmen und Seegefahren zusammenhängen, auf einem höheren geographisch-meteorologischen Mythus zu beruhen scheint, wie er sich im alten Orient häufig findet. K. O. Müller hat (Die Etrusker, ed. Deecke, II, p. 70) die Frage behandelt, ob die Gottheiten der »tyrrhenischen Pelasger« von Lemnos und Samothrake, Kadmos und die Kabiren, auch in Etrurien verehrt wurden. Er findet aber nirgends eine bestimmte Nachricht, dass man in einer einzelnen Stadt Etruriens Kabiren verehrt hätte. Dagegen

Fig. 9. Fig. 10.
Zwei Bronzegruppen von Torre di Mordillo.

sind Angaben vorhanden, welche einen solchen Cult im Allgemeinen für die italischen Tyrrhener bezeugen. Diese senden nach Myrsilos von Lesbos (bei Dionys von Halikarnass, I, 23; 28) einen Menschenzehnt aus, der dem Zeus, dem Apollo und den Kabiren geweiht ist. Nach Dionysius von Halikarnass (II, 22, der wohl aus Myrsilos schöpft) gab es bei den Etruskern einen Cult der Kureten und der »grossen Götter«, das ist der Kabiren. Doch hat die spätere Ueberlieferung nichts davon bewahrt. Es ist gewagt, sich zur Bestätigung eines so zweifelhaften Zeugnisses auf die hier betrachteten Denkmäler zu berufen. Immerhin mag es aber gestattet sein, Einiges anzuführen, was für das Auftreten einer solchen Fremdgöttergruppe in Italien spricht. Im Anschluss an J. Krall's Excurs über den Gott Bes (in Benndorf, Das Heroon von Gjölbaschi-Trysa, Jahrb. d. kunsthist. Samml. IX, p. 72 f.) erinnert Benndorf, dass auf der altlatinischen Cista Pasinati »neben einer Darstellung in hellenistischer Zeit so oft mit den Kabiren identificirten Dioskuren eine Figur steht, welche dem Bes entspricht (l. c., Fig. 105) und die bisher unerklärte, aber in dem hier vorliegenden Zusammenhang einigermassen sich aufhellende Beischrift Vater der Zwerge, pater poumilionum, trägt«.

Die Zahl der »Zwerge«, d. i. der Kinderfiguren, schwankt in der griechischen und italischen Kunst und Mythologie. Zwei sind sie in Gestalt der griechischen Dioskuren. Aber auch in der altitalischen

Kunst finden wir dieses Zwillingspaar zweimal dargestellt in den Skeletgräbern von Sybaris (710—520 v. Chr., Zeit der ältesten Nekropole von Suessula), die keine griechischen Objecte ergeben haben, aber in den Formen der Schwerter und der Brillenfibeln griechischen Einfluss verrathen. Die Knabenfiguren erscheinen beide Male eng aneinandergedrückt, die äusseren Hände auf den Leib gelegt, auf den Armen einmal Ringe (Not. d. Scavi 1886, Taf. XV, Fig. 23; XIX, Fig. 1; hier Fig. 9 u. 10). Hier sind sie ohne weitere Kennzeichen dargestellt. Auf der Unterplatte des oben beschriebenen und abgebildeten Bronzegeräthes im British Museum erscheinen sie als vier völlig gleiche thierköpfige Figuren auf Schiffen; ebenso, aber ohne Schiffe, am Rande der unteren Platte eines kleineren ähnlichen Geräthes. Eine identische Einzelfigur trägt die Fibel von Suessula als Aufsatz wieder über einem Schiffe. Ebenso ein Cistendeckel aus der Basilicata, an dessen Rande drei Thiere und drei halbthierische Mischwesen, vielleicht Affen, dargestellt sind. Das durchbrochene Verbindungsstück des Doppelringes Kemble, Horae ferales, Taf. XXXIV, Fig. 8 zeigt im mittleren Gliede acht, in den vier anderen beiderseits rhythmisch an Länge abnehmenden Gliedern je sechs und vier thierköpfige Menschenfiguren, die anschliessenden Seitentheile der Ringe je sechs, mit Hinzurechnung der Mittelfiguren aber je acht solche Gestalten.

Vier Köpfe mit Schiffermützen oder Spitzhelmen krönen einen Candelaber von Vetulonia, sechzehn solche Köpfe aus demselben Grabe gehörten vielleicht zu zwei Truhen oder anderen Geräthen. Vier Reiter mit solchen Kopfbedeckungen erscheinen auf dem Plattenwagen von Strettweg. Die jedenfalls sinnverwandten Reiterfiguren auf den Dreifüssen von Vetulonia und Corneto sind zwar in ungleicher Zahl angebracht, dies aber vielleicht nur wegen der tektonischen Gestalt des Geräthes. Auch hier finden wir dieselbe Kopfbedeckung, unter den Reitern einmal Vogelfiguren, statt der Reiter ein andermal blos Pferde, d. h. die Attribute oder Totemthiere dieser Gottheiten.

Fig. 11.
Fragment einer Marmorgruppe aus Sparta.

Fig. 12.
Aegyptische Terracotta.

Es finden sich also Paare, Doppelpaare und weitere Verdoppelungen solcher coordinirter Dämonen. Nebenbei zeigt sich hin und wieder, am deutlichsten bei dem Plattenwagen von Strettweg, die Unterordnung dieser Gruppen unter eine grosse weibliche Gottheit. Ihre Beziehung zu derselben scheint eine kindliche, dienende zu sein. Auch die Kabiren sind in Lemnos wie in Samothrake verknüpft mit einer die Schiffbrüchigen rettenden weiblichen Gottheit, Ino Leukothea, und diese Verbindung mit einer grossen weiblichen Gottheit findet sich noch anderwärts. Aus Ephesus stammen Weihreliefs an die Göttermutter, auf welchen zwei männliche Gestalten, eine bärtige und eine knabenhafte, die Kabiren darstellen. Eine fragmentarische Marmorgruppe aus Sparta (Athen. Mitth. X, 1885, Taf. VI, hier Fig. 11) zeigt eine kniende nackte Frau, deren Mutterschooss besonders realistisch behandelt ist; an ihrer Seite erscheinen zwei kleine männliche Figuren, von welchen die eine dadurch, dass sie die Hand zum Munde führt, nach ägyptischer Ausdrucksweise als kindlich charakterisirt ist. Die andere legt den Arm auf den Unterleib der Frau. Aehnliches in ägyptischem Stil bietet eine blauglasirte Thonfigur, angeblich aus El-Fayyûm, bei Cesnola-Stern, Cypern. p. 414. hier Fig. 12. Die stehende nackte Göttin hält auf den Armen zwei Knaben, während zwei Hundskopfaffen auf ihren Füssen stehen. Die spartanische Gruppe wird von Marx, l. c., p. 199 (gegen Dressel-Milchhöfer, welche sie noch ganz stillos, primitiven Idolen ägyptisch-syrischer Herkunft ähnlich finden und daher ziemlich hoch datiren) in die zweite Hälfte des VI. Jahrhunderts gesetzt und für die Darstellung einer zur Entbindung niederknieenden Frau, welcher zwei hilfreiche Dämonen zur Seite stehen, erklärt. Diese Deutung kann nicht befriedigen. Marx hält das Bildwerk für ein Weihgeschenk, welches für glückliche Niederkunft wahrscheinlich den Dioskuren dargebracht worden sei. Die Nacktheit und die Grösse der Frauengestalt im Verhältniss zu den männlichen Dämonen steht im Widerspruch mit dieser Erklärung.

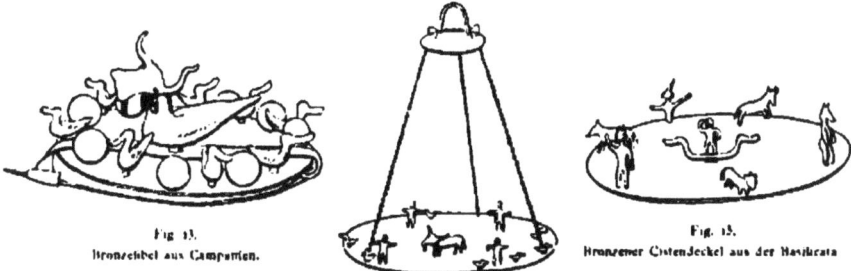

Fig. 13.
Bronzehbel aus Campanien.

Fig. 15.
Bronzener Cistendeckel aus der Basilicata

Fig. 14. Bronzenes Plattenwerk aus Italien.

Diese Frau kann wohl nur im mütterlichen Verhältniss zu den kleinen männlichen Gestalten stehen. Den Gestus der einen Nebenfigur erklärt die ägyptische Kunst; der der andern, das Auflegen der Hand auf den Mutterleib, findet man wieder auf einer böotischen Grabvase, deren Reliefbild zwei kleine Figuren beiderseits an eine grosse Mutterfigur geschmiegt und mit den ausgestreckten Händen den Leib derselben berührend zeigt, Ephim. arch. 1893, Taf. 8, 9.

Das Grab, aus welchem die bisher betrachtete räthselhafte Bronzearbeit stammt, enthielt angeblich noch:

2. Die Unterplatte eines zweiten, fast vollkommen gleichen Bronzegeräthes. Der einzige Unterschied von dem entsprechenden Theile des vorigen Stückes besteht darin, dass am Rande, statt wechselnder Granatäpfel und Vogelfiguren, zwanzig Vogelfiguren (in gleicher Weise wie bei 1. mittelst unten in Spiraldisken auslaufender Zäpfchen) angebracht sind.

3. Die Oberplatte eines dem ersten Stücke ähnlichen Geräthes, am Rande besetzt mit einem Kreise abwechselnder Scheibchen und Vogelfiguren; im Centrum sitzt ein stierköpfiger Vogel, von dessen Ohren Ringe herabhängen (Kemble, l. c., Fig. 2, hier Fig. 13). 2. und 3. gehörten vielleicht ursprünglich zusammen. Jetzt ist 3. auf einer ungewöhnlich grossen Fibula ad arco di violino als Aufsatz aufgenietet, eine secundäre, aber alte Verbindung, wie vielleicht auch bei der oben citirten Fibel von Suessula.

4. Ein Messer mit Eisenklinge und einem Bronzegriff ungewöhnlicher Form, auf dessen Knauf eine Vogelfigur sitzt. Dann einige Bronzegegenstände von geringerem Belang.

Payne Knight, aus dessen handschriftlichen Notizen Kemble schöpfte, hielt diese Arbeiten nach dem Fundorte für oskisch-campanisch und den Stil derselben für archaistisch. Sie schienen ihm eine pri-

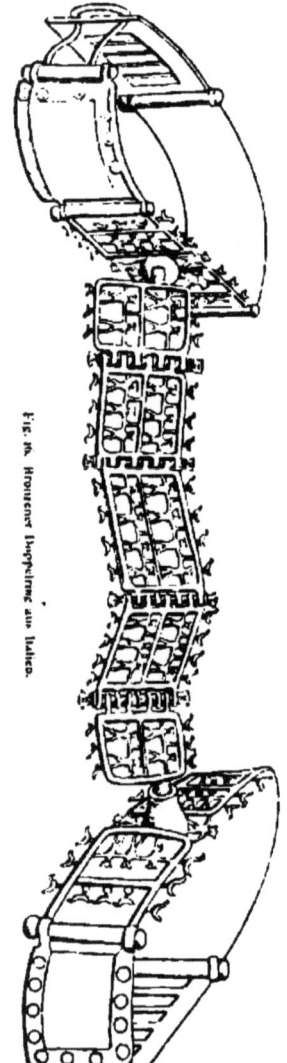

Fig. 16. Bronzener Doppelring aus Italien.

mitive barbarische Schnitzkunst in Holz geflissentlich nachzuahmen und keiner sehr alten Zeit anzugehören. Nicht eben glücklich erinnert er an die Nachahmung alter Sitten, welche an den Demeterfesten Siciliens nach Diodor V. 4 stattgefunden haben soll. Kemble (um dies gleich hier anzuführen), der viel weitere Umschau hält und Verwandtes aus Italien, Oesterreich und Norddeutschland zusammenträgt, schliesst sich doch im Ganzen der Ansicht Payne Knight's an, hält aber diese Gruppe von Bronzen für etruskisch und denkt an die Alpenetrusker oder Rhäter als Verbreiter derselben nach Mitteleuropa.

Nahe Verwandtschaft mit dem Stücke 1. aus dem Funde der Sammlung Payne Knight's zeigt der Bronzeapparat Kemble, l. c., Fig. 7 (hier Fig. 14). Er besteht ebenfalls aus zwei kreisrunden Platten, welche jedoch nicht durch Stäbe, sondern durch drei Kettchen miteinander verbunden sind. Die obere kleinere trägt nur einen Bügel zum Anfassen oder Aufhängen des Geräthes. Die untere ist in der Mitte mit einer Rinderfigur, am Rande mit vier Männchen (oder richtiger geschlechtslosen Figuren) und mehreren Vögelchen besetzt, deren Fusszapfen unter der Platte in Spiraldisken auslaufen. Ohren und Schnauze des Rindes, Ohren und Hinterkopf der Menschenfiguren tragen eingehängte Ringelchen. Die letzteren waren also vielleicht ursprünglich bestimmt, als Anhängsel getragen zu werden. Das Stück stammt aus der Sammlung Borgia.

Ferner gehört hieher eine mit Figuren besetzte Bronzescheibe (Gerhard, Etrusk. Spiegel I, Taf. XVIII, p. 58; Kemble, l. c., Fig. 6, hier Fig. 15), welche als Deckel einer Ciste in der Basilicata nahe bei Neapel gefunden wurde. Sie trägt am Rande drei auswärts gekehrte Thiergestalten und drei halbmenschliche aufrechtstehende Mischfiguren. In der Mitte steht eine nackte menschliche Figur, die eine Hand mit einer Keule erhoben, die andere zur Hüfte gesenkt, auf einer doppelten Vogelprotome. Die Ciste, auf welcher diese Platte als Deckel lag, ist mit Figuren im griechischen Stile geschmückt, enthielt aber eine Anzahl von Bronzefiguren rohen Stils ähnlich dem Besatze des Deckels, nämlich nach Gerhard sieben Menschenfiguren mit ausgestreckten Armen und eine achte mit spitzer Kopfbedeckung und zum Gesichte erhobener rechter Hand, zwei andere mit deutlichen Thierköpfen, drei Hirsche, zwanzig andere Vierfüsser, vielleicht Pferde, vierzehn Tauben und acht andere Vögel, durch schmale Platten verbunden, wahrscheinlich Randstücke von Figurenplatten, und Ringschmuck, der wohl einst an den Figuren angebracht war.

Kemble reiht (l. c., Fig. 8) diesen Bronzen eine nach Herkunft und Bestimmung nicht minder räthselhafte Arbeit an, welche aus dem Besitze eines gewissen Comarmond aus Lyon ins British Museum (hier Fig. 16) gelangte. Sie besteht aus zwei schliessbaren Ringen und einem

Verbindungsstück. Dieses ist eine Kette aus vier in Charnieren beweglichen Gliedern. Ringe und Kettenglieder sind durchbrochen gearbeitet und zeigen Reihen thierköpfiger Menschenfiguren mit gespreizten Beinen und ausgestreckten Armen. Die Ränder sind beiderseits mit Vogelfiguren, die vier Charnierstäbe an beiden Enden mit halb menschlichen, halb thierischen Fratzenköpfen besetzt.

Solche durchbrochene Charnierketten mit wenigen bandförmigen Gliedern fanden sich an Geräthen anderer Art, aber wohl auch sacraler Bestimmung, in dem Grabe Regulini-Galassi (Mus. Greg. II, Taf. II, Fig. 1, 7) und in einer Classe bestimmter Gräber zu Vetulonia (Falchi, Taf. X, Fig. 12; Taf. XV, Fig. 24), die alsbald näher zu betrachten sein werden und wohl aus derselben Zeit stammen wie das berühmte Depot von Cervetri, nämlich aus der Zeit um 600 v. Chr.

Die von Kemble zusammengestellten Bronzen, zum Theil unsicherer Herkunft, bilden einen Kreis von Formen, in welchen der orientalische, speciell phönikische Einfluss wohl unverkennbar ist. Zugleich deutet die Roheit der Ausführung auf italische Arbeit. Diese Fremdgötter sind auf dem neuen Boden gleichsam verarmt, verkümmert, ihrer orientalischen Ueppigkeit und Deutlichkeit verlustig gegangen; es sind schematisirte schlanke Gestalten, die von ihren typischen Kennzeichen gerade nur so viel bewahrt haben, dass man sie zur Noth wiedererkennt. Um über die Zeit, das Local und die sonstigen Verhältnisse einer solchen Kunstthätigkeit Aufschluss zu gewinnen, muss man sich an gut studirte Fundplätze wenden. Wir haben auch schon die Gräber von Bologna, Novilara, Suessula zu Rathe gezogen und gefunden, dass diese Bronzefiguren weder rein italische Erfindungen sind, noch auf griechischem Einflusse beruhen, dass sie vielmehr einer phönikischen Culturströmung, die auch ägyptisirende Fabrikate in anderem Material importirte, als einheimische Erzeugnisse nachstrebender Bildnerhände ihr Dasein verdanken. Wir fanden auch, dass sie Hand in Hand gehen mit rein schematischen »Blechgötzen«, welche talismanische Darstellungen orientalischer Cultidole sind und ihres primitiven Charakters wegen besonders in der adriatisch-danubischen Culturgruppe der ersten Eisenzeit weite Verbreitung gefunden haben.

## 4. Bronze- und Bernsteinplastik in Etrurien.

Das Eindringen überseeischen Importes und fremder Kunstformen in Italien ist zuerst und am entscheidendsten in Etrurien nachgewiesen worden, von wo nun auch die Ergebnisse gründlicher Untersuchungen sehr alter Culturschichten vorliegen. Tarquinii, Vetulonia und andere Fundorte haben nicht wenige Bronzen geliefert, die sich den eben betrachteten anschliessen und, soweit sie von Belang sind, noch näher angeführt werden sollen. In Mittelitalien herrschte um diese Zeit noch ein anderer Zweig der figürlichen Plastik, die Bernsteinschnitzerei. So fand sich in einem Faliskergrabe (18 des Feldes D, Monte lo Greco, Barnabei, l. c., Taf. IX) Folgendes beisammen: eine nackte weibliche Figur, welche die Hände unterhalb der Brüste auf den Leib legt (rohe Bernsteinfigur, l. c., Fig. 22, hier Fig. 17), ein sitzender Affe, den Kopf auf die Hände, die Ellbogen aufs Knie gestützt (ebenso, Fig. 21, hier Fig. 18) und eine ägyptische Porzellanfigur des Bes mit auf die Kniee gestützten Händen (Fig. 53). In gewissen Depôts von Vetulonia sind fast beispiellose Mengen von Bernstein vorgekommen, z. B. in einem einzigen Grabe 4 Kilogramm dieses Materials (Falchi, l. c., S. 172). Dasselbe wurde nicht, wie Gozzadini, Cappellini u. A. meinten, im Lande selbst gewonnen. Es stammt von den baltischen Küsten, erscheint im Norden bekanntlich schon in neolithischen Gräbern, fehlt während dieser Zeit in Italien, findet sich aber

Fig. 18.   Fig. 17.
Zwei Bernsteinfiguren aus Falerii.

3

bereits in den untersten Schichten der Terramaren (Bull. pal. Ital., 1877, S. 199; Helbig. Rend. Acc. Linc., 1877, S. 12; Italiker, S. 21). In der ersten Eisenzeit waren wohl die Veneter, wie noch später (Plinius, N. H., XXXVII, 3) die Vermittler dieses Nordhandels. An vielen Fundorten, von der Save bis nach Suessula und Sybaris hinab, verknüpft sich der Besitz von Bernstein mit dem Vorkommen einheimischer figürlicher Metallarbeiten. Doch ist man in Oberitalien nicht vor der etruskischen Zeit (Gräber des Giardino Margherita zu Bologna) zur Schnitzerei roher Bernsteinfiguren übergegangen. In Etrurien aber scheint der reichliche Besitz an diesem geschätzten Stoffe schon ein Jahrhundert vorher die Lust zu höherer Formgebung erweckt zu haben. Die Bernsteinfiguren sind so roh und schematisch wie die Bronzen, nur, wie natürlich, gedrungener und geschlossener; orientalischer Import können sie nicht sein, dawider spricht der Stoff und die Formen. Doch bekunden die letzteren den gleichen orientalischen Einfluss auf Italien wie die eben genannten Bronzefiguren.

Nun möge es gestattet sein, einen einzelnen hervorragenden Punkt der mittelitalischen Westküste besonders ins Auge zu fassen. Dieser Punkt ist Vetulonia, wo eine beträchtliche Anzahl typischer Bronze- und Bernsteinfiguren unter genauer Beobachtung der Lagerungsverhältnisse angetroffen wurde.

In der Nekropole von Vetulonia, welche die ehemals von der Stadt eingenommene Höhe rings umgibt, unterscheidet man primitive italische Gräbergruppen, Gräber mit Steinkreisen und Tumuli von sehr verschiedener Grösse. Der älteste der drei altitalischen Friedhöfe, welcher der Stadt am nächsten lag, der von Poggio alla Guardia, umfasst mehr als zehntausend Gräber. Es sind typische tombe a pozzo, wie sie in Mitteletrurien, Latium, Ober- und Unteritalien so häufig vorkommen. Fast ganz eisenfrei, enthalten sie die bekannten schalenbedeckten Villanova-Urnen, dann namentlich nicht wenige Hausurnen mit Doppelvögelchen auf dem Dachfirst, halbmondförmige Rasirmesser, Votiv-Palstäbe, Fibeln mit dickem Bügel, durchbrochene laternenförmige Anhängsel, Pferdegebisse, Zügelringe und andere Bronzegusssachen, an welchen die einfache und doppelte Vogelfigur häufig wiederkehrt. Diese Gräber, stets mit verbrannten Leichen, sind durchaus arm an Beigaben und enthalten nichts von Importsachen; sie reichen ins IX.—X. Jahrhundert hinauf und entsprechen den Stufen Benacci I und II bei Bologna.

Zerstreut zwischen diesen primitiven Gräbern finden sich Depôts, welche ausschliesslich exotische Objecte enthalten: Bernstein, Glassachen, Skarabäen, zuweilen auch Gold und Silber, sowie Fibeln jüngerer Form (a sanguisuga). Diese »ripostigli stranieri« liegen sorgfältig geschichtet auf dem Grunde von Erdlöchern, die nach oben hin mit Steinen angefüllt sind. Aeussere Grabmerkmale fehlen, und von den Leichen sind gewöhnlich nur einige durch Kupferoxyd grün gefärbte Zahnkronen erhalten. Solche Depôts finden sich noch häufiger ausserhalb der italischen Nekropole, aber in unmittelbarer Nachbarschaft derselben. Sie zeigen stets dieselbe Anordnung, dieselben Beigaben, dieselben exotischen Beigaben, dieselben Leichenreste und die gleiche Steinfüllung, sind jedoch umgeben von einer kreisförmigen Steinsetzung aus zerschlagenen Steinen. Diese »Circoli« sind ausserordentlich reich. Ausser Gegenständen von Bernstein, Glas, sehr zahlreichen Skarabäen, enthalten sie prachtvolle Goldarbeiten, Buccherovasen, Bronzecandelaber und Theile von Leichenwagen und Pferdegeschirren. Die Bernsteinschnitzereien sind zuweilen Thier- und Menschenfiguren, die Glasarbeiten zeigen die Gestalten ägyptischer Gottheiten, die Skarabäen enthalten Hieroglyphen. Die Goldarbeiten bestehen in prächtigen Armbändern mit Filigran und in Fibeln, welche mit aufgelötheten winzigen Goldkörnchen besäet sind (lavoro granulato). Die bronzenen Pferdegebisse enden häufig seitwärts in einen Ring, woran zwei andere sich befinden, welche eine kleine Menschenfigur mit ausgestreckten Armen zusammenhält. Die Candelaber sind ziemlich rohe Nietarbeit aus Bronzestäben und Bronzebändern mit vier bis fünf Reihen horizontaler Doppelarme und tragen oben häufig eine Statuette oder eine Blume.

Die Steinkreis-Depôts liegen sämmtlich am Ostabhange des Stadthügels. Mitten unter ihnen, in einiger Entfernung von den altitalischen Gräbern, fanden sich andere exotische Depôts mit Aschenurnen oder Skeleten. Eines dieser Gräber ist die berühmte tomba del duce. 1861 eröffnete Falchi einen der grossen Tumuli zum Theile. Im Centrum der enormen Anschüttung fand er eine kyklopische Construction mit halbkugelförmiger Wölbung, ähnlich den Kuppelgräbern von Mykene. Die Grabkammer enthielt lebensgrosse Figuren aus weichem Stein. Ausserhalb der Kammer fanden sich mehrere Skelete mit reichen, figürlich geschmückten Gold- und Silbersachen ägyptischen Stiles.

Die Herkunft der ripostigli stranieri an diesen und anderen Orten (Cervetri, Vulci, Palestrina etc.) ist ein noch ungelöstes Räthsel. Sie bezeugen wohl vor Allem eine Steigerung des Reichthums bei gewissen Personen oder Familien und einen Fortschritt in der socialen Gliederung.

Nach Helbig, Perrot und Martha sind die orientalisirenden Arbeiten der Gräber vom Schlage der tomba del duce phönikisch. Diesen Ursprung, wenn auch nicht speciell karthagischen, wie Helbig meinte, will Gsell den Silberschalen aus den Gräbern Regulini-Galassi und Bernardini, dann dem silbernen Skyphos der tomba del duce, der Cista Castellani aus Palestrina und den Elfenbeinfiguren der tomba Bernardini von ebenda zugestehen. Für nichtphönikisch (lykisch, lydisch, griechisch, besonders kleinasiatisch-jonisch) erklärten die Gesammtheit der exotischen Arbeiten Milchhöfer, Langbehn, Furtwängler, Dümmler, Studniczka, Böhlau. Gsell hält Vieles, auch von den feinsten Schmucksachen für italisches Fabrikat — sicher seien es die Fibeln einheimischer Grundform, an welchen zuweilen etruskische oder lateinische Inschriften vorkommen —; wenngleich an Orten, wo sich verschiedene Kunstrichtungen kreuzten und Arbeiter aus verschiedenen Ländern ansässig waren, eine Mischung oder, besser gesagt, eine Mengung verschiedener Stilarten, wie sie z. B. die grossen Goldfibeln von Vulci und Cervetri (Regulini-Galassi) zeigen, eintreten musste.

Evident ist das Vorhandensein von Ornamenten und Figuren fertiger orientalischer Stile. Ob sich die einzelnen Fabrikate der griechisch-asiatischen, der lykischen, lydischen oder phönikischen Kunstrichtung enger anschliessen, ist, wie Gsell mit Recht bemerkt, darum schwer zu sagen, weil wir von all' diesen Tochterkünsten des Orients zu wenig wissen. Der Handel hat diesen Objecten eine grosse Verbreitung gegeben, welche es, wie so oft in jüngerer Zeit, schwierig macht, den Ort oder die Orte der Erzeugung festzustellen. Manche, häufig wiederkehrende Motive sind der archaisch-griechischen Kunst Kleinasiens eigenthümlich, so der Greif, die Kentauren mit menschlichen Vorderbeinen, die schneckenförmig eingerollten Fittiche der Thier- und Menschenfiguren. Die Chimäre, welche einige Male erscheint, ist kein Typus der orientalischen Kunst. Auf einer Elfenbeinciste aus Chiusi (tomba della Pania, um 550) ist eine Scene aus der Odyssee dargestellt; auf den Strausseneiern der grotta d'Iside hat man griechische Buchstaben zu sehen geglaubt. Andererseits zeigen die Funde aus jenen Gräbern zahlreiche Analogien mit sicher phönikischen, kyprischen und sardinischen Arbeiten. Die orientalisirend-griechische und die phönikische Kunst entstanden unter den gleichen Einflüssen, und es ist blosse Vermuthung, dass die erstere höher gestanden und die letztere beeinflusst habe, wenn auch griechische Arbeiter in phönikischen Städten thätig waren. Im Allgemeinen scheint der Unterschied nicht gross gewesen zu sein, und für Italien mag man etwa eine Concurrenz und theilweise Mischung beider Elemente annehmen.

Helbig und Martha stützen sich auf historische Zeugnisse für den lebhaften Handel der Karthager nach Italien. Auf diesem Wege seien orientalische Artikel und Massen von Edelmetall nach Etrurien gekommen. Die Periode der genannten Gräber sei für das westliche Becken des Mittelmeeres die Zeit einer grossen politischen und commerziellen Krisis gewesen. Seit dem Beginne des VII. Jahrhunderts erfolgte an der Rhônemündung, in Unteritalien und Sicilien die griechische Besiedlung des Westens. Die Griechen, welche in alter und neuer Zeit für ihre Interessen, Fremden gegenüber, solidarisch eingestanden sind, errichteten im Westen nicht blosse Handelscomptoirs und Factoreien, sondern wirkliche Colonien mit Landbesitz und landwirthschaftlichem Betriebe. Die Handelsconcurrenz mit den Karthagern steigerte sich zur politischen Fehde. Die Karthager fanden Verbündete in den Etruskern, deren Interessen in Campanien durch die griechische Colonisation bedroht waren. Das VI. Jahrhundert bezeichnet den Höhepunkt der Ausbreitung der etruskischen Macht. Damals hiess die Halbinsel mit Recht Τυῤῥηνία. Bei Alalia triumphirte die etruskisch-karthagische Coalition 536 über die Phokäer; aber der Seesieg Hierons von Syrakus bei Kyme entschied den Streit zu Gunsten der Griechen (474). Seit dieser Zeit nimmt der Hellenismus in Italien seinen ungehinderten Aufschwung. Die Griechen waren Herren des tyrrhenischen Meeres. Die Karthager wendeten sich gegen Spanien und die atlantischen Küsten. Die Etrusker, auf sich allein gestellt, vermögen nicht zu widerstehen, und Toscana öffnet sich den griechischen Kaufleuten und Arbeitern.

Einschneidende Aenderungen im Gräberbau seit dem Beginne des VII. Jahrhunderts verrathen den Einfluss fremder Volkssitten fast in ganz Mittelitalien. Es sind die an Stelle der älteren cylindrischen Brandgräber in Vulci, Corneto, Bisenzio, Orvieto, Allumiere und Civita Castellana erscheinenden tombe a fossa, oblonge Gräber, die für Skelete angelegt sind, aber noch häufig zu Brandbestattungen benützt werden. Doch ist die Beerdigung ganzer Leichen, welche man auch dort anzunehmen hat, wo sich keine Spur von Knochen findet (also auch in Vetulonia) vorherrschend; in Corneto herrscht sie ausnahmslos. Ueber den jüngeren tombe a fossa (zweite Hälfte des VII. Jahrhunderts) liegen zuweilen Steinkreise, wie in Vetulonia, Vulci, Terni, Tolentino, Golasecca. Die exotischen Gräber von Vetulonia sind zwar keine eigentlichen fosse, sondern Lochgräber, tombe a buca, die jüngeren mit Steinkreisen (Circoli di pietre rozze), gehören aber sicher derselben Zeit an.

Der Unterschied zwischen brandloser und Brandbestattung ist ein ungeheurer, und wie schwer der Uebergang von der einen zur anderen Form gefunden wird, lehrt uns die Gegenwart. Die Bestattung ganzer Leichen ist fürs Erste die Sitte der neolithischen und der ersten Bronzezeit. Hier ist sie noch das Einfachste, das Bergen ganzer Leichen an einem sicheren abgeschiedenen Orte. Dann aber ist sie orientalisch (in Aegypten, bei den syrischen Phönikern, Kyprioten, Karthagern) und vom Oriente her nach einer lange dauernden Alleinherrschaft der Brandbestattung wieder in Europa eingebürgert. Felshöhlengebiete scheinen zur Beisetzung ganzer Leichen, Alluvialebenen zur Leichenverbrennung und zum Tumulusbau einzuladen. Allein abgesehen von der Urzeit bedeutet das Beisetzen ganzer Leichen orientalischen Einfluss und einen Fortschritt in der Cultur.

Seit dem VIII. Jahrhundert lernten die Völker Italiens von der Westsee her die brandlose Bestattung kennen. Sie verbreitete sich von den Küsten langsam ins Innere; in Etrurien kam sie zuerst nach Corneto-Tarquinii, später nach Vulci, nach Bisenzio am Bolsenasee etwa um 700, über den Apennin erst gegen 600, am Ende der Periode Benacci II. (Auf den Grundstücken Benacci und de Luca bei Bologna finden sich neben 988 Brand- nur 30 Skeletgräber.) In Latium behielt Alba longa im VII. Jahrhundert die Verbrennung bei. Rom und Gabii nahmen die neue Sitte auf, desgleichen die Falisker in Civita Castellana um 700 und die Umbrer in Terni. In Suessula (700—500) finden wir nur Skelete, ebenso in den Nekropolen Picenums und in Sybaris.

Was immer auch die Ursache dieses grossen Wechsels gewesen sein mag, dessen Folgeerscheinungen uns bis hoch hinauf nach Mitteleuropa begleiten, wo z. B. in Hallstatt brandlose und Brandbestattung sich in die Herrschaft theilen, so muss es ein starker Einfluss überseeischer Cultur gewesen sein, der denselben herbeigeführt. Die Existenz fremder Handelsfactoreien, kaufmännischer Comptoirs und Märkte, die das Luxusbedürfniss der Barbaren zu wecken und zu befriedigen trachten, genügt nicht, einen so tiefen

Umschwung zu erklären. Anders, wenn die religiösen Anschauungen der Barbaren beeinflusst, wenn durch den Einfluss neuer Herrschergeschlechter neue Riten und Gebräuche in Schwung und Umlauf gekommen sind.

Dies könnte ohne den Eintritt eines neuen Volkes, wovon keine Nachricht meldet, blos durch das Hervortreten eines besonderen Elementes innerhalb der älteren Bevölkerung geschehen sein. Etruskische Geschlechter orientalischer Herkunft mögen schon früher, seit dem Beginne des Jahrtausends, neben einem italischen Stamme im Lande ansässig gewesen sein und sich als ein Adel, der sich mit Stolz seiner asiatischen Heimat erinnerte, betrachtet haben. Auf sie geht vielleicht all' das zurück, was die Villanova-Cultur von der Cultur der Terramaren unterscheidet, und was man mit offenbarem Zwang aus der letzteren abgeleitet hat. Diese fremden Geschlechter mögen einige Jahrhunderte lang, wir wissen nicht in welcher Stellung, die Cultur und die Schicksale der einheimischen Bevölkerung getheilt haben, bis Unterstützung von Auswärts, Beziehungen zu einem fremden, handeltreibenden Elemente (wohl den Phöniken), das bei ihnen freundliche Aufnahme fand, sie stärkten und befähigten, sich zu Herrschern über die grosse Masse der altansässigen Bevölkerung aufzuwerfen.

In den einzelnen Steinkreis-Depôts von Vetulonia fanden sich folgende italische Bronze- und Bernsteinarbeiten figürlichen Charakters:

Circolo dei Monili (Falchi, Taf. VII, S. 101): Zahlreiche Bernsteinfiguren, als Amulete zum Anhängen eingerichtet, darunter nackte weibliche Gestalten, welche die Hände auf den Unterleib legen oder, in einem

Fig. 20.   Fig. 19.   Fig. 21.
Drei Bernsteinfiguren aus Vetulonia.

Lehnstuhl sitzend, die Hände auf der Brust, ein Kind zwischen den Beinen halten, d. h. mütterliche Gottheiten (z. B. Taf. VII, Fig. 4, hier Fig. 19, 20), dann mehrere nackte plumpe Zwergfiguren, stehend, mit Thierschwanz, vermuthlich Darstellungen des ägypto-phönikischen Gottes Bes oder einer verwandten Gottheit; ferner ein hockender Affe, ein Fisch, eine Reifenciste und zahllose Perlen.

Circolo di Bes (l. c., Taf. VIII, so genannt nach einer Besfigur aus grünlicher Glaspaste, echt orientalischen Typus mit Federkrone und auf die Kniee gestützten Händen, Fig. 7; vgl. die ganz ähnliche Doppelfigur des Bes ebenda, Taf. VI, Fig. 24): Bernsteinfigur eines nackten Weibes, das die Hände auf den Unterleib legt (Taf. VIII, Fig. 8, hier Fig. 21). Bronzegeräth unsicherer Bestimmung in Gestalt einer horizontalen Leiter, an deren Enden sechs Verticalstäbe angebracht sind (l. c., Fig. 15, hier Fig. 22), welche unten in Oesen ausgehen und daran Ringe tragen. Auf diesen Stäben sitzen beiderseits je drei thierköpfige, namentlich durch wegstehende Ohren charakterisirte nackte Männchen, welche die Hände auf die Knie legen. Falchi, l. c., S. 107 f. vermuthet in dem Gegenstande die Darstellung eines Bettes, in den thierköpfigen Figuren Affen. — Dreifussbecken, Bronze, auf dessen geknickten Beinen drei Reiter mit spitzen Kopfbedeckungen, darunter, auf besonderen Stäben, drei Vögelchen angebracht sind (l. c., Fig. 20, hier Fig. 23). — Deckelförmiges Bronzegeräth mit einem Doppelpferd (gleich dem im ersten Theile der vorliegenden Arbeit, S. 117, Fig. 63 abgebildeten Bronze des Mus. Verona).

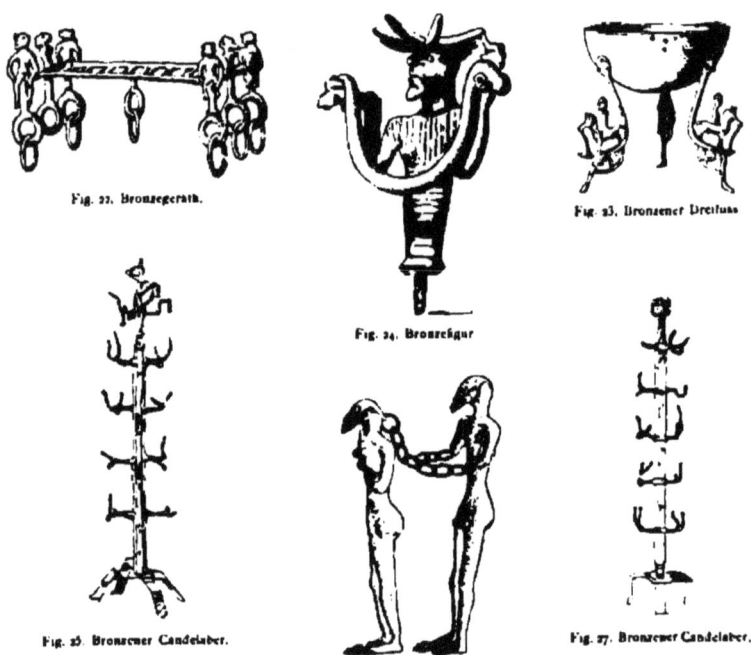

Fig. 22. Bronzegeräth.

Fig. 23. Bronzener Dreifuss.

Fig. 24. Bronzefigur.

Fig. 25. Bronzener Candelaber.

Fig. 26. Bronzefigur.

Fig. 27. Bronzener Candelaber.

Fig. 22—27. Bronzen aus Vetulonia.

Primo circolo delle Pelliccie (l. c., Taf. VIII, Fig. 2, hier Fig. 24): Bronzefigur eigenthümlicher Form und primitivster Arbeit. Auf einem nicht erhaltenen Untersatz oder Geräthe festgezapft stand eine langbekleidete Gestalt, die auf dem Kopfe einen aus radial gestellten Zacken bestehenden Aufsatz (Federschmuck?) trägt. In den erhobenen Händen hält sie einen halbkreisförmig gekrümmten, langen stabrunden Gegenstand, dessen knopfförmige Enden aussen etwas herabfallen (gewiss keinen Henkel, wie Falchi meint, sondern irgend ein symbolisches Object).

Secondo circolo delle Pelliccie (l. c., Taf. XV, Fig. 5, hier Fig. 25): Bronzener Candelaber, darauf als Krönung eine auf zwei gekreuzten Paaren doppelter Vogelprotomen stehende nackte weibliche Figur, welche mit der Rechten ein Gefäss auf dem Kopfe festhält, während sie mit der Linken die Scham bedeckt. — Hier fand sich auch eines der deckelförmigen Geräthe mit Charnierkette und eine Thierfibel.

Aus anderen Steinkreis-Depôts stammen noch folgende Bronzen: l. c., Taf. XVII, Fig. 33 (hier Fig. 26) Zwei nackte menschliche Figuren, eine weibliche mit einem Ring am Hinterhaupte und eine grössere männliche mit Armstümpfen, welche mittelst Kettchen an jenem Ringe befestigt sind; l. c., Taf. XVII, Fig. 28. hier Fig. 27: Candelaber, auf dem als Krönung vier mit Schiffermützen bedeckte Menschenköpfe erscheinen. Sechzehn solche Köpfe (l. c., Fig. 31) lagen einzeln im Grabe und dienten vielleicht einst als Sargverzierung.

Die tomba di Val di Campo (l. c., Taf. XVIII) enthielt unter Anderem: Ein Dreifussbecken, auf dessen geknickten Beinen drei ledige Pferde stehen, und einen Bronzegriff aus zwei sich kreisförmig zusammenschliessenden Vogelprotomen, zwischen denen ein Doppelvogel erscheint (l. c., Fig. 16, hier Fig. 28).

Aus diesen Funden von Vetulonia ergeben sich mehrfache Aufschlüsse über die hier behandelte Gruppe von Bildwerken. Zunächst erkennt man am Poggio della Guardia (was auch die Funde aus dem Fondo Benacci bei Bologna zeigen), dass schon vor dem Auftreten orientalischer Importsachen von den Italikern oder Etruskern, die hier wohnten, eine primitive Bronzeplastik in rohen schematischen Formen geübt worden ist. Aber die Typen dieser rohen Gussarbeit sind nicht autochthon. Sie zeigen keinen stilistischen Zusammenhang mit irgend welchen Formen der vorhergegangenen reinen Bronzezeit, dagegen engen Anschluss an die Bronzen der folgenden, orientalisch beeinflussten Periode.

Schon zur Zeit der tombe a pozzo, oder wenigstens mitten unter diesen, finden sich anders gebaute und eingerichtete Gräber mit fremden Artikeln und den Erzeugnissen einer gegen früher viel ausgedehnteren Kunstthätigkeit in Bronze und Bernstein. Die Bronzeplastik erscheint stilistisch als Fortsetzung eines älteren Arbeitszweiges, gegenständlich abhängig von fremden Kunstformen. Man irrt wohl

Fig. 21. Bronzene Handhabe aus Vetulonia

nicht, wenn man eine Befruchtung der einheimischen Metallgiesserei durch fremde Vorbilder annimmt. Denselben Process erkennt man in den so gründlich untersuchten Gräberstufen bei Bologna, nur dass der Aufschwung der Cultur, welchen die ripostigli stranieri in Etrurien bezeugen, hier sich auf wenige Importstücke beschränkt und auch die einheimische Bronzeplastik einen viel engeren Formenkreis entfaltet. Die Bronzezeit, welche überhaupt nur im Norden der Halbinsel gut studirt ist, erscheint hier äusserst kunstarm. Man kennt ein Paar thönerne Thierfiguren aus Terramaren (Montelius, Civ. prim. I. B. Taf. 19, Fig. 19, 20; Taf. 23, Fig. 13, und Helbig, Italiker, Taf. I, 4). Aber Aehnliches und Besseres findet sich weiter nördlich und östlich schon in der reinen Steinzeit nicht ganz selten, und in dieser Hinsicht steht Oberitalien sogar hinter Mitteleuropa und natürlich noch viel weiter hinter dem Südosten des Continents zurück. Dieselbe Kunstarmuth zeigen die Verzierungen an Thongefässen und Schmucksachen.

Aus der dem Ende der Bronzezeit (etwa 1000—900 v. Chr.) angehörigen Nekropole von Bismantova stammt ein dem Villanova-Urnentypus a doppio cono bereits sehr nahestehendes Thongefäss mit geometrischen Verzierungen, unter welchen das später so häufig wiederholte Schema der doppelten Thierprotome nicht in runden, sondern in geraden, von Punkten eingefassten Linien erscheint (Montelius, l. c., Taf. 41, Fig. 17).

Ganz anders wird es mit dem Beginne der ersten Eisenzeit, etwa um 900 v. Chr. oder noch früher. Von da an herrscht unter dem unverkennbaren steigenden Einflusse eines fremden östlichen Culturkreises stetiger Fortschritt in Mittelitalien und in der Gegend von Bologna. Ich bin der Meinung, dass sich die Villanova-Cultur nicht von Norden nach Süden, sondern in umgekehrter Richtung ausgebreitet habe. Doch ist hier nicht der Ort, diese Ansicht zu begründen. Eines der ältesten Zeugnisse der beginnenden Orientalisirung Italiens bilden die Thonsachen eines Grabes von Alba Longa, dessen Inhalt Inghirami, Mon. etr., VI, tav. C, D, 4 publicirt hat. Ausser einer nackten weiblichen Thonfigur localer Erzeugung sind hier namentlich die geometrischen Zeichen auf Thür und Dach einer Hausurne zu beachten. Die Zeichen auf der Thür sind zwei in heraldischer Paarung zusammengestellte abbreviirte männliche Figuren in der typischen Haltung orientalischer Dämonen mit einem erhobenen und einem gesenkten Arme, welch' letzterer den Querbalken des Thürverschlusses zu halten scheint. Hier finden wir die geometrische Zeichenkunst der besten troischen Spinnwirtel zur Wiedergabe eines wappenartigen Schemas von zweifellos orientalischer Herkunft angewendet.[1])

Schon in der Periode Benacci I bei Bologna (ca. 900—750, Montelius, l. c., Taf. 73—75) erscheinen gegossene bronzene Pferdegebisse, deren Seitentheile, wie in Assyrien (Perrot-Chipiez, II, S. 753, Fig. 411), aber auch in der Bronzezeit Ungarns (Hampel, Bronzezeit, Taf. LX, Fig. 5) als Pferdekörper gestaltet oder mit kleinen Pferdefiguren besetzt sind. Dagegen zeigen die eingeritzten Mäander, Hakenkreuze, Rauten u. s. w. nicht jenes symbolische Einzelleben wie gewisse lineare Muster Trojas, Cyperns und — in dem oben erwähnten Falle — Mittelitaliens.

Schon weitaus formenreicher ist die Periode Benacci II (ca. 750—600, Montelius, l. c., Taf. 76—81). Auf halbmondförmigen bronzenen Rasirmessern finden sich eingravirte Darstellungen (eines geschäfteten Beiles, eines Mannes der ein Thier fängt oder an der Leine führt), die Griffringe sind mit zwei Vogelköpfchen besetzt. Bronzeschwerter haben zwei solche Köpfe an den zusammengekrümmten Knaufenden. Fibelbügel sind als Reiter (ohne Beine, wie auf den nordischen Bilderfelsen) oder langhalsige Vögel gebildet. Eingravirte Vögelchen erscheinen in Reihen als Randverzierung grosser Schmuckplatten. Hier finden sich auch Bronzegefäss-Anhängsel mit Vogelprotomen und halbmondförmigem Ende, eine Form, die wir bereits als halborientalisch kennen gelernt haben. Ein Thongefäss mit geometrischer Bemalung ist mit einem Rinderkopf und einem Reiter als Aufsatz ausgestattet. All' das ist sicher italische Arbeit, zum Theile sind es bolognesische Localformen.

Der Bronzedepôtfund von San Francesco in Bologna, niedergelegt um 600 v. Chr., enthielt Aelteres und Jüngeres aus den beiden Benaccistufen (Zannoni, La fonderia di Bologna, 1888), darunter bronzene Männchen, Vögelchen, Pferdchen als Fibelbügel und Pferdegebiss-Seitentheile, Schlangen- und Bogenfibeln, deren Bügel mit einem bis drei Vogelköpfchen besetzt oder aus zwei von einander abgekehrten Vogelprotomen gebildet sind, dann wieder Anhängsel mit zwei ärmchenförmig angesetzten Vogelprotomen und

---

[1]) Diese Auffassung glauben wir trotz der abweichenden Ansicht s. d Steinen's vertreten zu können, welcher kürzlich (Prähistorische Zeichen und Ornamente, Separatabdruck aus der Bastian-Festschrift, S. 14) die Deutung jener Figuren als abbreviirte Menschengestalten ausdrücklich ablehnte und dieselben für emporkriechende Eidechsen erklärte — im Zusammenhange mit der Idee, im Hakenkreuz und anderen Mustern auf dem Dache jener Hausurne Bilder des Storches, seiner Jungen und seines Nestes zu erblicken. Wir werden auf diesen geistreichen Versuch an anderer Stelle zurückkommen, obwohl das Ergebniss solcher Betrachtungen die mehr als plausible Möglichkeiten bieten kann. Die Zeichen auf dieser und anderen Hausurnen sind zweifellos ursprünglich symbolisch gemeint und bilden einen wesentlichen Bestandtheil des Grabgefässes. Ob man aber zur Zeit der Anfertigung dieser Arbeiten noch einen Sinn damit verband, und wenn dies der Fall war, welches als die Bedeutung der Zeichen galt, das wird uns wohl für immer dunkel bleiben.

ausser Anderem ein mit zwei Vogelfiguren von einem Ring umschlossenes Männchen, eine bezeichnende Gruppe, von welcher noch die Rede sein soll. Ein ithyphallisches nacktes Männchen (Montelius, l. c., Taf. 70. Fig. 15) mit weitabstehenden Ohren und drahtdünnen Armen scheint mit der Linken das pudendum zu halten und die Rechte zum Haupte zu erheben, ganz wie das in Ungarn (Mária-Család, Comitat Neutra) gefundene Figürchen bei Hampel, Taf. LXIX, Fig. 1. Die stilistische und technische Gleichheit und Einfachheit dieser Objecte lässt nicht bezweifeln, dass sie alle in Italien selbst angefertigt worden sind.

In der Periode Arnoaldi I (ca. 600—500, Montelius, Taf. 82—86) steigert sich der orientalische Einfluss. Kleine figürliche Elfenbeinschnitzereien (eine menschliche Büste, ein liegender Löwe auf einem viereckigen durchbohrten Untersatz, zwei kleine ägyptische Idole, ein Skarabäus und drei sehr kleine Vasen aus blauem Glas) sind fremde Fabrikate. Jetzt erscheinen auch steinerne Grabstelen in Gestalt roh schematischer Menschenfiguren und solche mit eingehauenen figürlichen Darstellungen, wie in der Nekropole von Novilara-Servici. Eine Menge schriftartiger Zeichen findet sich an Bronzen und thönernen Gefässen, Wirteln, Spulen (Gozzadini, Scavi Arnoaldi, S. 32). In der oft eingepressten Thongefässverzierung beobachtet man den Uebergang von der geometrischen Decoration zum figürlichen Ornament. Typisch sind wechselnde Reihen von Menschen und Vogelfiguren (Gozzadini, l. c., S. 16 [nicht, wie Reinach, L'Anthr. VI, S. 308 schreibt, Bronze, sondern Thon], Taf. IV, 5, vgl. ferner die Muster Taf. V. VI). Männchen erscheinen mit rechtwinkelig erhobenen und gesenkten Armen, Vögelchen in verschiedener Bildung (auch ein Doppelvogel), dann gehörnte Thiere, ein sitzender Affe, Schlangen, Beile, Hakenkreuze, Rosetten etc. etc. Das steigert sich bis zur Darstellung von Kriegern mit Helm, Schild und zwei Speeren, Hirschen und Sphinxen, worin sich der überseeische Einfluss unzweifelhaft kundgibt.

Bei alledem ist jedoch ein starkes Zurückbleiben gegenüber Mittelitalien nicht zu verkennen. Hier war in voretruskischer Zeit keine Stätte figuraler Arbeit in Bronze oder Bernstein; dagegen scheint Vieles seinen Weg nordwärts über den Apennin genommen zu haben. Es fehlt die starke Einwirkung des Imports und der im Lande ansässigen fremden Arbeiter. Wir werden also auf Mittelitalien als das Ausgangsgebiet der ältesten italischen Kunst zurückgewiesen. Vetulonia ist hier ein typischer Fundort, wenn es auch gerade kein hervorragender Fabriksort war. Und diese einheimische Kunst zeigt nichts von griechischen Typen, nichts von älterem Erbgut.

Nackte Frauengestalten mit symmetrisch auf den Leib gelegten Händen, thronende Frauen, die ein Kind vor sich halten, Zwergfiguren mit Thierschwänzen, Affen, Fische, ein Viergötterkreis thierköpfiger Männchen, oder ausgedrückt durch vier mit Schilfermützen bedeckte Köpfe, eine gefässtragende nackte Frau auf gekreuzten doppelten Vogelprotomen, ein nacktes Paar, Mann und Weib, letzteres durch einen im Hinterhaupte befestigten Ring an dem ersteren befestigt, — das Alles sind keine Typen europäischer Erfindung; hier sind orientalische Vorstellungen auf den Boden unseres Continents übergetreten und haben durch die Hände einheimischer Bronzegiesser und Bernsteinschnitzer mehr oder minder räthselhafte Gestalt gewonnen. Dreifussbecken, auf deren geknickten, Menschenbeinen ähnlichen Füssen drei Reiter oder drei ledige Pferde stehen, fanden sich auch in Corneto. Wenn darunter einmal drei Vögelchen angebracht sind, so ist das die alte Verbindung der Pferde- mit der Vogelgestalt, von der schon im ersten Theile dieser Abhandlung S. 106 (vgl. S. 107, Fig. 42) Beispiele angeführt wurden. Diese Verbindung ist älter als der intensive orientalische Einfluss in Vetulonia, denn sie findet sich schon an bronzenen Gebissen der Stufe Benacci I bei Bologna.

Das zuletzt angeführte Stück aus der tomba di Val di Campo, Falchi, Taf. XVIII, Fig. 16 (oben Fig. 28), ein ringförmiger Griff mit zwei Vogelkopfenden und einem Doppelvogel im Kreise, findet mehrfache Analogien in Südetrurien, Oberitalien und sogar in Griechenland. Ein nächstverwandtes fragmentarisches Exemplar enthielt die Nekropole von Corneto, Not. d. Sc. 1881, Taf. XIII bis Fig. 19. Eine etwas reichere Variante fand sich in einem Grabe von Spadarolo bei Rimini, Not. d. Sc., 1894, S. 308, Fig. 17; Bull. pal. Ital., XX, S. 172, Fig. 5; Montelius, l. c., Taf. 96, Fig. 10. S. 445 (hier Fig. 29). Sie besteht aus einem oben mit zwei Vogelköpfen, unten mit Oesen für Anhängsel, aussen mit einer Reihe von Rindergestalten besetzten Doppelring. In demselben befindet sich eine menschliche Figur en face mit wegstehenden Ohren, gespreizten Beinen, erhobenen, den inneren Ring fassenden Händen und zwei ganzen Vogelfiguren, welche nach aussen gewendet neben der menschlichen stehen. Das Ganze ist der Aufsatz eines stilförmigen Henkels oder Griffes, der von einer menschlichen Figur gehalten wird. Ähnlich, aber einfacher ist ein defectes Exemplar aus dem Depôtfund von San Francesco bei Bologna, Zannoni, Fonderia, Taf. XLIV, Fig. 62; Montelius, l. c., Taf. 70, Fig. 16. Dieses Depôt ist um 600 v. Chr. niedergelegt worden.

Die in einen Doppelkreis gestellte Figur des Henkels von Spadarolo scheint auf den ersten Blick von den auf gekuppelten Vogelprotomen stehenden Gestalten von Suessula u. s. w. sehr verschieden. Analysirt man jedoch die Composition, so findet sich, dass auch jene Figur auf einer solchen Doppelprotome steht, welche sich aber über dem Haupte der Figur kreisförmig zusammenschliesst. Mit ihren erhobenen Armen hält die letztere beiderseits das, was wir nicht anders als die Hälse dieser Vogelköpfe nennen können. Durch diesen Zug nahert sich das Bildwerk noch mehr einer auch sonst verwandten Gruppe aus dem äginetischen Goldschatze im British Museum (hier Fig. 30 nach Bull. pal. Ital., XX, Seite 173, Fig. 6). In der letzteren dürfen wir einen Vertreter der orientalisch stilisirten Muster erblicken, welche den Bronzebildnern der ersten Eisenzeit Italiens vorgelegen haben. Wenn die Mittelfigur jenes Goldschmuckstückes, wie die Federkrone und das en face gewendete halbthierische Antlitz verrathen, den ägypto-phönikischen Bes vorstellt, unterliegt es keinem Zweifel, dass die italische Ringfigur Aehnliches bedeuten soll. In dem Bildwerke aus Aegina reichen die von den Oberschenkeln und Knieen des Gottes ausgehenden doppelten Uräusschlangen [*]) beiderseits nur bis in die Haupthöhe des ersteren, und die beiden Vögel, welche er hält, stehen auf denselben. In dem italischen Werke steht er auf der Doppelprotome, die sich über seinem Haupte kreisförmig zusammenschliesst, hält dieselbe mit beiden Händen, und die freigewordenen Vogelfiguren gehen rechts und links von seinen Knieen aus, um mit den Schnäbeln den inneren Kreis zu berühren, wie es die Bronzegusstechnik verlangt. Der unförmliche Kopf des exotischen Gottes oder wenigstens die thierartig wegstehenden Ohren sind auch hier noch deutlich zu erkennen. Auf einem silbernen Nadelkopfe aus dem III. Schachtgrabe von Mykene (Schuchhardt, S. 221, Fig. 172) sieht man zwei den doppelten Uräusschlangen der äginetischen Gruppe nicht unähnliche strickartig gekerbte Bogen von der einen Hand der Figur halbkreisförmig zur anderen laufen, was sich schwer deuten lassen dürfte, aber jedenfalls an die oben beschriebene Bronze aus dem Primo circolo delle Pelliccie erinnert. Auch erscheint zwischen dem oberen Spiralenpaar des Kopfaufsatzes der mykenischen Figur etwas wie ein Thierkopf, von dem man, wenn die Abbildung nicht trügt, zwei Augen und ein langes Ohr erkennt. Die untere Partie dieser ziemlich räthselhaften Composition ist zerstört und auch sonst unsicher. Doch scheint das Motiv der menschlichen Figur, welche inmitten eines Ringes mit ausgestreckten Armen die Ränder desselben fasst, orientalischen Ursprungs. Assyrische Bildwerke zeigen nicht selten (z. B. Perrot-Chipiez,

---

[*]) Nicht ganz selten steht Bes auf den Uräusschlangen oder diese gehen von seinen Knieen aus, wie auf der Metternichstele. Letzteres hat Analogien in den Zierden lang herabhängender Gürteladen kyprischer Priesterstatuen. Diese Enden bestehen in emporgerichteten Uräusschlangen. Vgl. die Statuen von Athienu bei Perrot-Chipiez, III, S. 527, Fig. 355; S. 531, Fig. 358; S. 533, Fig. 359; die letztere zeigt das Antlitz des Bes oberhalb, eine andere kyprische Statue, l. c., S. 534, Fig. 360 dasselbe unterhalb des Gürtelendes. Bei der Verwandlung der Schlangen in Vogelköpfe mochte auch die Umgestaltung der Thiere, welche Bes sonst hält oder bezwingt (Löwen oder andere), in Vögel vor sich gegangen sein, wohl in Phöniklen.

II, S. 89, Fig. 19) Gestalten und Gruppen innerhalb eines Ringes, welcher vielleicht die Sonnenscheibe vorstellt.[1])

Eine Bronze von gleichem Typus, wie das Stück von Spadarolo, citirt Montelius S. 446 aus Mus. preist. Rom. als umbrischen, nicht näher bekannten Fundortes. Aus den Gräbern von Spadarolo stammt auch die l. c., S. 445, Fig. 9 abgebildete rohe bronzene Anhängselfigur eines nackten Weibes, das die Linke unterhalb der Brüste, die Rechte etwas tiefer, aber noch oberhalb der Körpermitte auf den Leib legt und somit den Typus der oben Fig. 2 abgebildeten Statuette von Novilara repräsentirt. Augen und Brüste sind Paare von Kreisen mit Centralpunkten, die wegstehenden Ohren sind für Ringeln durchbohrt, am rechten Handgelenk sind durch Kerbstriche Armringe angedeutet.

Fig. 29.
Bronzene Handhabe
von Spadarolo.

Fig. 30. Goldenes Schmuckstück aus Aegina.

Fig. 31. Bronzener Gefässhenkel aus Italien.

Diesen Objecten ist noch der von Kemble, a. a. O., Taf. XXXIV, Fig. 10 (hier Fig. 31) abgebildete Henkel eines italischen Bronzegefässes im British Museum anzureihen. Derselbe besteht aus einer halbkreisförmigen doppelten Thierprotome mit Querstab, auf welchem eine schematische Menschenfigur erscheint.

Wir halten also die hier behandelten Bronzen für italische Werke, entgegen der jüngst (Sur la question mycénienne, S. 49, 75 ff. S.-A.) ausgesprochenen Ansicht Helbig's, der eine Anzahl einschlägiger Stücke für

---

[1] Zu welch' schematischem Gebilde solche Formen entarten können, zeigt z. B. die durchbrochene Platte aus Bologna (Benacci II), Montelius, Taf. 80, Fig 2, in welcher man noch die Grundgestalt des Mannes, die Arme und die Vogelschnäbel erkennt; doch ist das Ganze sunkuer Auflösung im Stile bekannter Bronzeanhängsel aus dem Ende der Bronzezeit (l. c., Taf. 79, Fig. 3, 9) verfallen.

phönikischen Import erklärt. Die rohe, oft schleuderhafte Mache dieser Arbeiten, statt ihn von dieser Meinung abzuhalten, scheint ihm vielmehr ein triftiges Argument für dieselbe. Er citirt einen bronzenen Dreifuss aus Corneto-Tarquinia (Mon. dell' inst. XII, Taf. III, 14) und meint: »Il est surprenant de voir quelle pacotille les Phéniciens ont quelquefois vendue aux peuples d'Italie . . . La supposition, que ce trépied soit un produit local, est exclue par la matière même. C'est le même alliage couleur d'or, qui a servi pour les casques à cimier, certainement importés, provenant de la même nécropole.« Wenn alle goldgelben Bronzen italischen Fundortes ihrer Farbe wegen für importirt gehalten werden müssten, dann hätte es in Italien überhaupt keine Bronzetechnik gegeben. Aber auch jene Bronzehelme mit hohem spitzem Kamme sind keineswegs so sicher als importirte Waare anzusehen, wie Helbig meint.

Für ihn sind die Phöniker das überseeische Fremdvolk, welches schon vor dem Beginn des griechischen Handels den italischen Markt beherrschte und den italischen Völkern unter Umständen auch Schleuderwaare anhängte. Nach Helbig geht die Einfuhr von Elfenbein, ägyptischem Porzellan, phönikischen Glas- und Emailperlen, Skarabäen und Bronzen durch die Phöniker auf die Periode der Schachtgräber und der älteren Fosse zurück. Als phönikische Typen betrachtet er speciell auch die in Corneto gefundenen Bronzegürtel und Helme, hauptsächlich zu Gunsten seiner Auffassung von der Identität der mykenischen mit der phönikischen Cultur. Thatsächlich finden sich die beiden Helmtypen von Corneto in einer mykenischen Darstellung (l. c., S. 82, Fig. 34 f.) wieder; aber lange nicht so sicher ist die eine davon, die minder charakteristische, eine hemisphärische Kappe mit kurzgestieltem Knopf, an phönikischen Bronzen zu erkennen. Dagegen finden wir die weitaus charakteristischere Form des Helmes mit spitzem, durch eine verticale Rippe verstärktem Kamme in Oberitalien gar nicht selten. Ein Stück ist im Tanaro bei Asti, Prov. Alessandria gefunden (Montelius, Civ. prim. I B, Taf. 47, Fig. 10), eine Nachbildung aus Thon, gleich den Imitationen von Corneto, stammt aus den Brandgräbern von Lavatojo bei Verucchio, Prov. Forlì (ebenda S. 439 f., Fig. g) und ein primitives Bronzefigürchen mit gleichem, treulich nachgebildetem Helm aus der Umgebung von Reggio-Emilia (l. c., Taf. 98, Fig. 10). Die Brandgräber von Lavatojo gehören nach Montelius (l. c., S. 439—442) zu den ältesten der ersten Eisenzeit in Oberitalien und fallen noch etwas früher als die Mehrzahl der Benacci-Gräber bei Bologna. Ihre Anordnung erinnert noch an die Terramaragräber, und der Urnentypus ist eine Mittelform zwischen der Bronzezeit und der Villanova-Urne. Auch finden sich hier die in Oberitalien sehr seltenen Fibeln mit Fussscheibe. Man darf demnach diese Gräber etwa in das IX. Jahrhundert setzen. So früh ist die oben genannte Helmform also auch in Oberitalien verbreitet. Dazu kommt noch der höchst ähnliche Helm vom Pass Lueg bei Salzburg (Much, Atlas, Taf. LXIX, Fig. 10) mit Backenklappen, für welche auch das Exemplar aus dem Tanaro eingerichtet war.

Da man in so früher Zeit nicht an phönikischen Handel denken darf und jene Helmform ausserdem für Phönikien völlig unbezeugt ist, so bleibt nur wieder jene Annahme übrig, der wir schon oben Ausdruck verliehen haben. Ein kleiner Stamm aus dem östlichen Mittelmeere, der etruskische, welcher in seiner alten Heimat den Einfluss der troisch-kyprischen und mykenischen Culturentwicklung erfahren hat, kam vermuthlich um 1000 v. Chr. auf dem Seewege nach Mittelitalien und verpflanzte hieher, mitten unter die Völker der Halbinsel, die Keime einer neuen Cultur, der Villanova-Stufe oder des ersten Eisenalters. So erklären wir uns hypothetisch, aber in Uebereinstimmung mit den alten Nachrichten über die Herkunft der Etrusker, die evidenten Analogien zwischen älteren, ägäischen und jüngeren, tyrrhenischen Culturformen. Jener Helmtypus, sowie die gleichzeitige Form der breiten Bronzegürtels mit seinen orientalisirenden Verzierungen (Kreis mit zwei Vogelköpfen, Doppelvogel mit zwei Ständern, Helbig, l. c., Fig. 31) sind also keine italischen Erfindungen, sondern Lehnformen. Dagegen sind die Funde selbst doch wohl als italische Arbeiten anzusprechen, wie man bisher allgemein gethan hat, und das wird auch von der grossen Masse der übrigen in Italien gefundenen Bronzen gelten. Denn in dem Zeitraume von 900—600 v. Chr., d. h. bis zur Blüthezeit des überseeischen Importes haben die Italiker sicherlich das Treiben und Nieten der Bronze zu Gefässen, Helmen, Gürteln u. s. w., sowie das Giessen von Bronzefiguren gründlich gelernt und reichlich geübt, da unmöglich alle untereinander stilverwandten Bronzen Italiens und Mitteleuropas auf phönikischen (oder griechischen) Import zurückgehen können.

Sind die bisher aufgezählten Bronzen schon so roh, dass man sie nicht gut für überseeischen Import halten kann, so gibt es thatsächlich noch eine Classe schlimmerer figuraler Gussarbeiten italischen Fundortes, wozu die im ersten Theile dieser Abhandlung, S. 102, Fig. 19 mitgetheilte Frauengestalt vom Monte Rua im Mus. Padua gehört. Als Analogien zu diesem »Idol« erscheinen jetzt die von Montelius, l. c., Taf. 96, Fig. 9 und 11 publicirten Figuren aus der Umgebung von Ravenna. Sie stellen ebenfalls langbekleidete weibliche Gestalten vor, deren Füsse unterhalb des Gewandsaumes oder aus demselben heraustretend sichtbar sind. Die eine dieser Figuren (l. c., Fig. 9) lässt auch die Brüste erkennen; beiden fehlen die Arme.

Andererseits können wir auch der im entgegengesetzten Sinne extremen Auffassung S. Reinach's nicht beitreten, welcher jüngst eine Anzahl der eben behandelten Bronzen unter dem Gesichtspunkt einer primitiv europäischen, weder vom Orient noch von den Einflüssen der classischen (griechisch-römischen) Cultur berührten Kunstthätigkeit betrachtet hat. Gegen Evans, der in dem Goldschmuckstück aus Aegina ganz richtig eines der orientalisirenden Vorbilder unserer altitalischen Kunst erkannte, behauptet Reinach den europäischen Ursprung auch dieses Motivs und rückt zu diesem Zwecke die europäischen Bronzen um mehrere Jahrhunderte zu hoch hinauf. Denn während Evans den Goldfund von Aegina gegen 800 v. Chr. ansetzt und der Depôtfund von Bologna ans Ende des VII. Jahrhunderts zu setzen ist, stellt Reinach jenen Bronzegusstypus ins IX. Jahrhundert, wonach er freilich älter wäre als das äginetische Schmuckstück. Von den zwei möglichen Ansichten, dass das letztere Vorbild oder Nachahmung des europäischen Typus sei, zieht er die zweite vor, »attendant pour adopter la première, qu'on nous présente des motifs évidemment égyptiens qui, à une époque très ancienne, auraient été imités et stylisés en Italie«. (L'Anthr. VI, S. 556). Dieser Bedingung glauben wir mit unserem Nachweis ägyptophönikischer Götter in italischen Kunstwerken nach Möglichkeit entsprochen zu haben.

## 5. Ausbreitung nach Mittel- und Nordeuropa.

Arbeiten dieses italischen Stiles und exotischen Gehaltes sind auch in Mitteleuropa verbreitet. Aus Hallstatt stammt ein jedem Prähistoriker wegen seiner Schönheit und trefflichen Erhaltung wohlbekannter Dolch mit Eisenklinge, Bronzescheide und Bronzegriff (Sacken, Taf. VI. Fig. 4, hier Fig. 32). Den Knauf des letzteren bildet ein ovaler Ring, der aus zwei langhalsigen, mit den Schnäbeln zusammenstossenden Vogelprotomen besteht. Dieser Ring ist in der Achse des Griffes durch einen Steg getheilt, auf welchem nach rechts und links je ein ithyphallisches nacktes Männchen mit ausgebreiteten Armen steht. Die Composition ist vollkommen dieselbe wie bei dem Doppelring Kemble, Hor. fer., Taf. XXXIV, Fig. 8 (oben Fig. 16), nur dass hier dem engen Raum entsprechend nur ein nach zwei Seiten gewendetes Figurenpaar erscheint. Der Dolch ist zweifellos ein Importstück aus Italien, und die Figürchen im Knaufring unterliegen derselben Deutung wie die gleich componirten Doppelreihen auf jenem italischen Bronzegeräth. Dass man den Typus aber auch in den Ostalpen kannte und ausführte, zeigt uns die hier Fig. 33 nach Much, Atlas, Taf. XLVII. Fig. 12 wiederholte Bleifigur aus Frög. Soweit die üble Erhaltung des Stückes erkennen lässt, waren auch hier zwei Vogelfiguren vorhanden, welche, von der Kniegegend des Männchens ausgehend, mit ihren Schnäbeln die hier quadratische Umrahmung berührten.

Aber nicht nur figural durchbrochene Arbeiten, welche die eine Classe der eben betrachteten italischen Bronzen bilden, finden wir in den Alpenländern, sondern auch eines der hervorragendsten Plattenwerke mit plastischen Aufsätzen in dem bekannten Bronzewagen von Strettweg bei Judenburg, Much, Atlas, Taf. XLI (hier Fig. 34), welchen schon Kemble mit den Plattenarbeiten der Sammlung Payne Knight's verglichen hat. Die Uebereinstimmung dieses figurenreichen Objectes mit den in Campanien und Etrurien erhalten gebliebenen Bronzen geht sehr weit. Der Besatz der Wagenplatte mit zwei Paaren von Pferdeköpfen erinnert an die vier ebenso verwendeten Pferdevordertheile eines Bronzewagens aus der grotta d' Iside in Vulci. Die nackte weibliche Mittelfigur, welche ein Gefäss auf dem Kopfe festhält, ist wohl gleichbedeutend mit der gefässtragenden nackten Frauenfigur eines Candelabers von Vetulonia. Die vier Reiter mit Schild und Speer und spitzigen Helmen erinnern an die vier mit ebensolchen Helmen bedeckten Köpfe eines anderen Candelabers von Vetulonia, aber auch an die Reiterfiguren, welche wiederholt auf den geknickten Beinen eherner Dreifussbecken von Vetulonia erscheinen. Die vier Figuren in den beiden vorderen Reihen der Figurengruppen des Strettweger Wagens zeigen die merkwürdige Geschlechtslosigkeit der vier Figuren auf jeder der beiden Platten der Sammlung Payne Knight's und des Plattengehänges der Sammlung Borgia. Man könnte das für eine Nachlässigkeit der Modellirung halten, wenn die erstgenannten Plattenwerke nicht zugleich androgyne Figuren enthielten, und wenn auf dem Strettweger Wagen hinter den Paaren geschlechtsloser Figuren nicht zwei andere Figurenpaare erschienen, von welchen je eine Figur ithyphallisch, die andere ausgesprochen weiblich gebildet ist. Diese Gesellung je einer männlichen und einer weiblichen Figur erinnert wieder an die merkwürdige Composition von Vetulonia, in welcher ein ithyphallischer Mann mittelst Kettchen an einen Ring im Hinterhaupte einer weiblichen Figur gehängt ist. Dazu kommt noch die von Kemble bemerkte Thatsache, dass die beiden Frauengestalten des Strettweger Wagens ebenfalls Oesen am Hinterkopfe tragen, in welche einst Ringe eingehängt waren, — ganz wie bei Plattenfiguren der Sammlungen Payne Knight und Borgia.

Fig. 32. Bronzedolch aus Hallstatt.

Fig. 33. Bielfigur aus Frög.

In Mittel- und Nordeuropa gefundene figurale Bronzen der ersten Eisenzeit oder der jüngsten Periode des Bronzealters sind von den Prähistorikern stets als Ergebnisse einer von Südeuropa, namentlich von Italien ausgegangenen Culturströmung aufgefasst worden, sei es, dass man sie einfach für Import erklärt hat, sei es, dass man einheimische Arbeit nach fremden Mustern annahm. Das war aber lange Zeit eine ziemlich vage Vorstellung, und um sie klarer zu gestalten, muss man wohl in erster Linie das Ausgangsgebiet solcher Fabrikate und Anregungen für die nördlicheren Theile des Continents scharf ins Auge fassen. Wir haben einige Uebereinstimmungen zwischen mitteleuropäischen und italischen Funden nachgewiesen, welche wohl geeignet scheinen, der ebenso gefährlichen als leichtfertigen Neigung, figürliche Bronzen möglichst im Bereiche des Fundortes entstanden zu denken, ein Gegengewicht zu bieten. Wäre eine primitive Bronzeplastik von der Art der bisher behandelten ureuropäisch, frei von fremden Einflüssen entstanden, wie unter Anderen S. Reinach glaubt, so müsste sich Aehnliches wie in Italien auch in anderen Theilen Europas in annähernd gleichem Masse finden lassen. Das ist aber durchaus nicht der Fall. Auch dürften die in anderen Ländern spärlich genug auftretenden figuralen Bronzen nicht einen so hohen Grad von Aehnlichkeit mit italischen Arbeiten zeigen, wie sie es wirklich thun. Dies kann nur durch die culturelle Abhängigkeit der nördlichen Länder von Italien erklärt werden, wo die Bronzebildnerei zuerst in Europa Fuss gefasst hat, und wo um 600 v. Chr. eine besonders rege Kunstthätigkeit geherrscht haben muss.

Fig. 34. Bronzewagen von Strettweg.

Aus Norddeutschland und Skandinavien stammen einige Bronzefiguren, welche zum Theile gewiss im Norden gearbeitet sind und doch dieselbe Abhängigkeit verrathen. Mehrere derselben zeigen den Typus der nackten Frau mit nachdrücklich betonten Kennzeichen des Geschlechtes und mit symmetrisch auf den Leib gelegten Armen (ein Typus, der viel früher in Troja erscheint, als er nach Italien gelangt ist, aber doch erst von letzterem Lande aus nach Norden kam). Aus Klein-Zastrow bei Greifswald stammt eine solche Figur (Arch. f. Anthr. XXI, S. 68, Fig. 65; Antiqua, 1888, S. 23, Taf. VI, Fig. 4; L'Anthr. VI, S. 308, Fig. 284; Katal. d. Berl. Ausst., S. 314, hier Fig. 35) mit der Andeutung eines gewundenen Halsringes, unförmlichen Proportionen, grossem Kopf und henkelförmigen Armen. Undset (Auftreten des Eisens, S. 246, Anm. 2) setzt das Stück in die Uebergangszeit vom Bronze- zum ersten Eisenalter Norddeutschlands, d. h. etwa um 500 v. Chr. Sehr ähnlich, etwas besser gerathen ist eine Figur aus Farö (Undset, l. c., S. 368, Fig. 48; Antiqua, l. c., Fig. 8, hier Fig. 36) mit zwei Halsringen, welche durch schräge Kerbstriche als »Wendelringe« mit wechselnder Torsion bezeichnet sind.

Andere weibliche Figuren und Köpfe aus Bronze erscheinen als Griffe oder Griffenden geschweifter Bronzemesser mit typisch-nordischem Schiffsornament, sind also keine Importstücke aus dem Süden, vgl.

Undset, S. 305, Fig. 27; S. 368, Fig. 47; Antiqua, l. c., Fig. 1, 3, 4. Aber man erkennt, wie in der Gesammtform dieser Messer, welche im Süden der ältesten Eisenzeit Italiens und dem bel-âge du bronze der Schweizer Pfahlbauten angehören, so auch in dem figürlichen Schmuck derselben die Einflüsse einer anderen Welt. Der Griff des Messers von Itzehoe in Holstein (Undset, S. 305, Fig. 27; Montelius, Temps préhist. en Suède, S. 117, Fig. 165, hier Fig. 37) stellt eine nackte Frau mit Lendenschurz, Ohr-, Hals- und Armringen dar, welche einen Becher vor sich hinhält. Den Typus der nackten gefässtragenden Frau

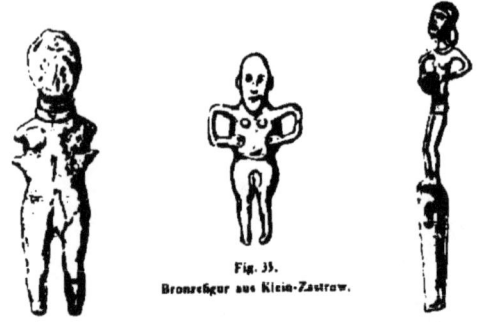

Fig. 35.
Bronzefigur aus Klein-Zastrow.

Fig. 36. Bronzefigur aus Farö.    Fig. 37. Bronzemesser von Itzehoe.

kann man unmöglich anderswoher ableiten als aus einem südlichen Culturkreise. Aus prähistorischen Gräbern von Alambra auf Kypros stammen nackte weibliche Thonfiguren, welche Gefässe mit beiden Armen vor sich hinhalten (Perrot-Chipiez III, S. 552 f., Fig. 374, 375). Eine andere ebensolche Figur (l. c., S. 553, Fig. 376) hält mit einem Arme ein Gefäss auf dem Kopf, mit dem zweiten ein Kind, welches sie stillt, an der Brust. Die folgende Betrachtung soll uns über Herkunft und Verbreitung dieses Typus etwas weiter belehren.

## 6. Gefässtragende Figuren.

Bekanntlich sind schon die troischen Gesichtsvasen zuweilen nicht nur überhaupt als Frauenkörper, sondern speciell als gefässtragende Frauen gestaltet, welche entweder auf dem Kopfe oder in den gesenkten Händen oder an beiden Stellen kleinere Thongefässe tragen. Das Thongefäss, weiterhin das Gefäss überhaupt, ist ein altes, sehr bezeichnendes Attribut der Frau, welches ihr in diesem Falle substituirt und überdies noch beigegeben wird. Es ist eines der primären Arbeitsgeräthe der Wasser holenden, Früchte einsammelnden, kochenden Hausgenossin des Mannes, deshalb dann ein Symbol der weiblichen Gottheit, und es war sehr unrecht von Schuchhardt, den unsicheren, aber im Grunde richtigen Gedanken Schliemann's zu verwerfen und in den troischen Gesichtsvasen nur »Kochtöpfe, Wasserkrüge und Schmutzeimer(?)« zu erblicken, welche man in »anerkennenswerthem Streben nach Beseelung der todten Form, dem A und U aller Kunstübung« menschenähnlich gestaltet habe (Schliemann's Ausgr.[1], S. 82). »Wie hätte auch das Volk«, meint Schuchhardt, »dazukommen sollen, sein heiliges Bild, die Burggöttin, zur anmuthigeren (!) Gestaltung von Kochtöpfen u. s. w. zu verwenden?« — Das ist sehr naiv gefragt, und diese äusserliche Betrachtung des Kunstfortschrittes wird dem Geisteszustande, aus dem überhaupt eine entwicklungsfähige Kunst entsteht, niemals gerecht werden. Schon die unterste Culturschichte von Hissarlik enthält Vorläufer der Gesichtsvasen in Gestalt von Schalenrandstücken mit Augenverzierung. Das ist primär und fast universell; es findet sich Aehnliches nicht nur in sehr alten Culturschichten Bosniens (Sobunar bei Sarajevo), sondern auch in der jüngeren Steinzeit des Nordens (Undset, S. 349, Fig. 35, 36). Diese Augenpaare an Thongefässen sind Abbreviaturen des menschlichen Antlitzes; sie werden aber, wie überhaupt das (in der Südsee, Nordwestamerika und sonst [1]) weitverbreitete Augenornament, nicht aus »anerkennenswerthem Streben nach Beseelung der todten Form«, d. h. aus ästhetischem Motive, auf Geräthe und Gefässe angewendet, sondern als apotropäische Zeichen. Wenn dann bei fortschreitendem Können und Fühlen die Abbreviatur nicht mehr genügt, so entsteht die Gesichtsvase u. dgl. In dieser jüngeren Zeit, auf Hissarlik von der »II. Stadt« an, wird das ganze Gefäss als dämonische Gestalt gebildet, unter deren Schutz man den Inhalt des Gefässes und das Heil seiner Besitzer stellt. Wer sollte aber diese dämonische Gestalt sein als die göttliche Stadtherrscherin, die Burggöttin selbst, die weibliche Ahnenfigur des kleinen Stammes, der auf jenem Hügel seine Heiligthümer besass? Es kommt auch noch vor, dass ein Gefäss (wie »Ilios«, S. 563, Fig. 927) keine weiteren Abzeichen (Gesichtszüge, Brüste u. s. w.) hatte, sondern blos ein kleineres Gefäss als Attribut an demselben angefügt war. Das hat offenbar den gleichen Sinn.

Und offenbar ist dies auch die Bedeutung der als Aschengefässe in Gräbern auftretenden Gesichtsurnen. Solche finden wir im VII.—VI. Jahrhundert v. Chr. in Mittelitalien und in etwas jüngerer Zeit in Norddeutschland. Für diesen Gebrauch war nach der Annahme Undset's (»Ueber italische Gesichtsurnen«, Zeitschr. f. Ethnol. 1890, S. 109) die Vorstellung einer Art Identität zwischen dem Verstorbenen und dem Behälter seiner Ueberreste massgebend, eine Idee, die im Einzelnen weiterhin zu den verschiedensten Ausführungen Anlass gibt, unter günstigen Umständen zur Porträtplastik führt und die reichste Entwicklung durchlaufen hat. Dennoch ist diese Vorstellung als secundär zu bezeichnen, da gerade die ältesten Gesichtsvasen, welche wir kennen, nämlich die troischen, keine Behälter von Leichenresten waren. Nach diesem Stande der Dinge ist es vielmehr glaubhaft, dass die ältesten Graburnen mit Andeutungen menschlicher Gesichtszüge einer Gottheit geheiligt waren, in deren Schooss gleichsam der Verstorbene ruhen sollte. Undset hat den secundären Gedanken vorschnell als einen durch die ganze Entwicklung hindurchgehenden aufgefasst und nicht bedacht, dass den Andeutungen menschlicher Gesichtszüge, wie sie besonders im Augenornament ihr primitives Wesen bewahrt haben, ein apotropäischer Charakter innewohnt, der mit Porträtdarstellung zunächst nichts zu thun hat. Unter diesen Gesichtspunkt muss man die von Undset mit gewohntem Fleisse gesammelten italischen Gesichtsurnen einer zum Theil abweichenden Auffassung unterwerfen. Seine Beispiele aus Terramaren (Fig. 1—3) sind gewiss nur apotropäisch aufzufassen. Ebenso die thönernen Helmdeckel von Aschenurnen aus Corneto, Lavatojo bei Verucchio u. s. w. (l. c., Fig. 5, 6, 7), zumal wenn unter dem Knauf des Helmes noch ein rohes Menschengesicht gebildet oder der Knauf mit einer Reihe von Löchern für Bronzeanhängsel umgeben ist. Auch die vorgebundenen oder aufmodellirten menschlichen Masken (Fig. 9, 10, 13) bieten noch keine Gewähr für die Sicherheit der Annahme einer Darstellung des Todten selbst, welche sogar völlig unwahrscheinlich wird, wenn das Gefäss ausser mit Kopf und Armen noch mit Speer und Schild ausgerüstet erscheint (l. c., Fig. 23). Undset denkt hier an eine Kriegerleiche; viel eher ist ein bewaffneter Todesdämon anzunehmen, welcher den Verstorbenen in seinen Schooss aufgenommen hat. Ebenso sieht Undset das Aschengefäss einer verstorbenen Frau in der Urne Fig. 24 aus Chiusi ( = Micali, Mon. ined., Taf. LVI, Fig. 1), weil auf dem Deckel eine Frau in

---

[1] G. Schurtz, Das Augenornament und verwandte Probleme, Abhandl. der phil.-hist. Classe der königl. sächs. Gesellsch. der Wissensch. XV, 2.

grösserer Gestalt umgeben von eilf kleineren Frauenfiguren gebildet ist, während auf der Schulter noch sieben solche kleinere Frauengestalten zwischen sieben Greifenprotomen stehen. Wie aber diese Protomen Apotropaia sind, so sind es wohl auch die kleinen Gestalten dazwischen und der Bannkreis solcher Geistergestalten (nicht »Klageweiber«, wie Undset meint) auf dem Deckel und endlich die grosse Göttin in der Mitte des Deckels selbst, ob wir sie nun Persephone, Libitina oder wie immer nennen wollen.[1]) Die tombe a ziro (Gräber, deren Inhalt in einem grossen fassförmigen Thongefäss geborgen ist), aus welchen diese mittelitalischen »Canopen« stammen, gehören dem VII.—VI. Jahrhundert v. Chr. an, also einer Zeit intensiven orientalischen Einflusses in Etrurien.

Es ist klar, dass man von der Auffassung der Gesichtsurne als Bild einer den Todten aufnehmenden und schirmenden Gottheit sehr leicht zur Auffassung derselben als Bild des Todten selbst übergehen konnte.

Fig. 38.
Bruchstück einer Gesichtsurne von Starzin.

Fig. 39.
Gesichtsurne von Henriettenhof.

Der in Gott ruhende, zur Geisterwelt, in den Schooss des Ahnherrn oder der Ahnfrau zurückgekehrte Todte ist ja nun selbst ein dämonisches Wesen. Er wird mit der Gottheit identificirt, behält aber seine individuellen Gesichtszüge, und wenn man dieselben an dem Denkmal ausdrücken kann und will, wird man den Weg der Porträtplastik betreten.

Auch die norddeutschen Gesichtsurnen, deren Zusammenhang mit den italischen hauptsächlich durch die Chronologie gesichert, sonst aber noch vielfach dunkel ist,[2]) hat man nach unserer Meinung nicht ganz richtig aufgefasst, wenn man sie immer zu Nachbildungen der Verstorbenen stempelte. Der weibliche Schmuck, mit welchem diese Gefässe oft so reichlich ausgestattet sind, lässt zunächst wohl eher an eine weibliche Todesgottheit denken. Das wird aber zur Gewissheit, wenn das Gesicht die Zunge herausstreckt

---

[1]) Ein sehr ähnliches Exemplar dieses Chiusiner Urnentypus ist bei Dennis, Cities en cemeteries II, S. 311 abgebildet. Hier sitzt ein Vogel auf dem Kopfe der grossen Mittelfigur. Die Bauchreise auf dem Deckel und Schulter bestehen abwechselnd aus Frauenfiguren und Greifenprotomen. Ein Vogel sitzt auf dem Deckel einer Gesichtsvase aus Chiusi, ebenda S. 78. (Eine etruskische Göttin, kleine Bronzefigur, mit Taube in der Hand, s. ebenda S. 477.) Vgl. auch den Canopus des Museums zu Chiusi, ebenda S. 308, eine Frau darstellend, welche beide Hände symmetrisch unterhalb der Brüste auf den Leib legt.

[2]) Sadowski (Handelswege, S. 140 ff.) brachte die etruskischen Handelsverbindungen ins Spiel. Virchow (Zeitschr. f. Ethn. II, 1870, S. 75 ff.) dachte an italischen oder phönikischen Einfluss; Lissauer (Ber. d. naturforsch. Ges. io Danzig, Sect. f. Anthr., S. 61 f.) an Verbindungen mit der griechischen Welt Kleinasiens oder des Pontus. Im griechischen Osten werden noch spät, zur Zeit Alexanders, Gesichtsurnen gefertigt. Undset (Eisen, S. 311) findet, dass man nicht genöthigt sei, den Anstoss zur Entwicklung der Gesichtsurnen fremdem Einfluss zuzuschreiben. »Die den meisten Völkern innewohnende Neigung, das Leblose zu beleben, kann so gut wie an anderen Orten der Welt auch an der Weichsel dazu geführt haben, den Thongefässen menschliche Gestalt zu verleihen.« Bei dieser Auffassung bleibt aber noch immer die Zeitstellung und die Thatsache starker erweckender Einfluss des italischen Exports um die Mitte des letzten vorchristlichen Jahrtausends zu berücksichtigen.

und dadurch seinen dämonischen Charakter und zugleich seine Abhängigkeit von ähnlichen Bildungen des Südens (Ibes, Gorgonen, etruskische Flügelgestalten) verräth. Dieses Motiv findet sich an einem Gesichtsurnenfragment von Starzin (Berendt, Taf. I, Fig. 29, hier Fig. 38), auf einer ganz erhaltenen Gesichtsurne von Henriettenhof (Lissauer, Prähist. Denkm. d. Prov. Westpreussen, Taf. III, Fig. 13, hier Fig. 39), ferner missverständlich ausgeführt (in Gestalt einer gitterförmigen Figur unter dem Munde) auf einem Stücke aus Poporcz (Berendt, I, Fig. 13); endlich zeigt eines aus Dobieczewko (Berendt, X, Fig 65) an Stelle des Mundes einen verticalen länglichen Ansatz, der nur eine herausgestreckte Zunge vorstellen kann. Bekanntlich findet sich die herausgestreckte Zunge neben anderen (phallischen) Abwehrzeichen auch auf oberrheinischen Gesichtsurnen der römischen Zeit (z. B. Lindenschmit, Alterthümer I, IV, 6, 7). Daraus ergibt sich wohl mit Sicherheit, dass die westpreussischen Gesichtsurnen weder künstlerische Versuche, noch Darstellungen der Verstorbenen, sondern nach der Meinung ihrer Urheber Darstellungen einer Gottheit waren, die als Herrscherin im Todtenreiche gedacht wurde.

Kehren wir nun wieder zu den gefässtragenden Frauen zurück, so wird es uns nicht schwer fallen, in denselben weibliche, mütterliche Gottheiten zu erkennen. Sie repräsentiren ein in Zeit und Raum weitverbreitetes Motiv, aber Chronologie und Topographie der Denkmäler geben dem Süden und dem alten mittelländischen Osten den Vorrang vor dem Norden. Wahrscheinlich aus der Zeit punischer Colonisation der iberischen Halbinsel stammen die weiblichen, Gefässe vor sich hinhaltenden Steinfiguren vom Cerro de los Santos bei Yecla, Spanien (Heuzey, Compte-rendu Ac. bell. lettr. 1891, S. 125; Verh. d. Berl. Anthr. Ges. 1892, S. 69); aus noch jüngerer (slavischer) Zeit die weiblichen, kamennaje babe genannten »Becherstatuen« Osteuropas (Lit. bei Undset, Eisen, S. 305 f., Anm. 6); aus dem Jahre 1253 endlich die Nachricht eines Missionärs über die Gräbersitten der Kumanen Südrusslands (faciunt magnum tumulum et erigunt ei statuam versa facie ad orientem, tenentem scyphum ad umbilicum). Die slavischen »Steinmütterchen« standen ebenfalls auf dem Scheitel von Grabhügeln, und auch die Statuen von Yecla waren vermuthlich Grabdenkmäler. Hier hat man an die Darstellung opfernder weiblicher Angehöriger der Verstorbenen gedacht. Es ist nicht recht einzusehen, warum? Die Darstellung einer mütterlichen Gottheit passt viel eher an einen solchen Platz. Noch weniger begreift man, warum Henszlmann (Compte-rendu Congr. internat., Budapest 1877, S. 501) »das heilige Gefäss« für das Symbol eines Volkes (der Skythen oder Gothen) erklärt, welches von den Ufern des Pontus sich nach N., W. und SW. ausgebreitet und überallhin jenes heilige Zeichen verpflanzt habe. Eine becherhaltende weibliche Sitzfigur unter den Goldsachen des Tempelschatzes von Pietroassa gehört allerdings den Gothen des IV. Jahrhunderts n. Chr. an, gewährt aber jener Hypothese keine genügende Stütze.

Fig. 40. Bronzefigur aus Verona.

Die durch das Gefäss charakterisirten weiblichen Götterfiguren tragen dieses Attribut, wie schon troische Gesichtsurnen und kyprische Thonstatuetten gezeigt haben, nicht selten auf dem Kopfe, wo dann das Gefäss, wie bei Demeter und Kore, später zu einer charakteristischen Kopfbedeckung, dem Modius oder κάλαθος, wird. Unter den prähistorischen Bildwerken steht hier voran die Hauptfigur auf dem Bronzewagen von Strettweg bei Judenburg in Steiermark (Much, Atlas, Taf. XLI). Sie ist nackt, nur mit einem Gürtel bekleidet, ganz wie die becherhaltende Bronzefigur auf dem holsteinischen Messer (Fig. 37), und durch ihren Platz, wie durch ihre Grösse (23.7 cm. gegen 10.5—13.2 cm. der Männer zu Fuss und Pferd) als Erscheinung höherer Art gekennzeichnet. Das Gefäss, welches sie mit beiden Händen auf dem Kopfe hält, ist eine flache Schüssel. Die beiden Gruppen vorne und rückwärts sind Opferscenen. Alles wirkt zusammen, um durch diesen Opferwagen die Vorstellung einer grossen weiblichen Gottheit, deren Attribut das Gefäss ist, deutlich zu machen.

Offenbar gleicher Bedeutung wie die Hauptfigur auf dem Strettweger Wagen ist eine nackte weibliche Bronzefigur aus Verona mit übertrieben stark betonten Brüsten und Schamtheilen und mit einem Eimer auf dem Kopfe (Rev. mens. Paris II, S. 98, Fig. 13, hier Fig. 40). Ferner die bereits oben (S. 187, Fig. 3) abgebildete Anhangselfigur aus Novilara und die S. 202, Fig. 25 abgebildete Figur eines Candelabers von Vetulonia. Aus derselben Zeit stärksten orientalischen Einflusses in Mittelitalien (um 600 v. Chr.) stammt eine nackte weibliche Bronzefigur localer Arbeit eines Grabes von Narce (Ant. terr. Falisco, S. 184, Fig. 71); sie hält eine einhenkelige typische Villanova-Urne mit der Linken auf dem Kopfe fest und legt die Rechte unterhalb der Brust auf den Leib.

Wenn diese Bildwerke auch italische Arbeiten sind und mythologischen Vorstellungen der Italiker entsprechen mögen, stammt das Motiv der nackten, ein Gefäss auf dem Kopfe tragenden Frau doch nicht minder aus dem Orient. Wir finden es in ägyptischen Wandgemälden; aber auch eine assyrische Bronzefigur (Perrot-Chipiez, II, S. 329, Fig. 147) zeigt eine nackte Frauengestalt mit einem Gefäss, das sie mit beiden Händen auf dem Kopfe festhält. Aus dem Orient hat dann auch Griechenland den Typus der gefässtragenden nackten Frauen übernommen. Mit Krügen auf den Köpfen, Zweigen in den Händen erscheinen solche Gestalten z. B. auf einer athenischen Dipylonvase (Arch. Zeitung 1885, Taf. III; Brunn, Griech. Kunstgesch. I, S. 131. Fig. 99). Gedacht sind sie wohl als Dienerinnen der Gottheit, welche Opfergefässe und Opferzweige tragen; aber dabei ist nicht zu vergessen, dass solche Gestalten im Cult die Attribute der Gottheit annehmen, und dass Gefäss und Zweig ursprünglich als solche, nicht als Opfergaben, zu denken sind.

## 7. Wagengebilde.

An den Bronzewagen von Strettweg mit seiner nackten gefässtragenden Frau und seinen an die unteritalischen Plattenwerke erinnernden Figurengruppen reihen wir eine kurze Betrachtung der prähistorischen Wagengebilde aus Bronze, jener kleinen, halb figürlichen, halb tektonischen Kunstwerke, die zum Theil in Italien, zum Theil in Mittel- und Nordeuropa gefunden wurden, aber wohl sämmtlich unter dem kunstgeschichtlichen Zeichen italischer Bronzegusstechnik und ihres weitreichenden Einflusses stehen.

Man hat vermuthlich Unrecht gethan, aus den prähistorischen Arbeiten in Thon und Bronze, welche auf kleine Räder gestellt sind, eine eigene geschlossene Gruppe zu bilden und sie als »Wagengebilde« zu behandeln, während man vielmehr auf die Verschiedenheit dessen, was in dieser Weise mobil gemacht ist, hätte achten sollen. Die Ausstattung mit Rädern findet sich bei Figurenplatten, hohlen, vogelförmigen Gebilden, Bronzegefässen u. A. Man unterscheidet gewöhnlich:

1. Deichselwagen, (Virchow, Compte-rendu Congr. internat. Paris 1867, S. 251 ff.; Undset, Erstes Auftreten des Eisens, S. 195 ff.). Man kennt folgende untereinander sehr ähnliche Stücke: Undset, l. c., Taf. XX, Fig. 8 (aus einem Moore bei Burg in Spreewalde); Zeitschr. f. Ethn., V. Vers., S. 198 (XII. Vers., S. 144, in der Nähe des vorigen gefunden); Mecklenburger Jahrb. XVI, 1851, S. 262 (Kemble, Hor. Fer., Taf. XXIII, Fig. 4, gefunden zwischen Frankfurt a. d. Oder und Drossen); Zeitschr. f. Ethn. V, Taf. XVIII, Fig. 1 (gefunden zu Ober-Kehl bei Trebnitz in Schlesien), endlich zwei Räderpaare von solchen Wagen, das eine bei Frankfurt a. d. Oder in einer Urne, das andere bei Friesack gefunden. Diese Deichselwagen bilden eine typische, auf verhältnissmässig engem Gebiet vertretene Gruppe, die sich von den in

anderen Gegenden gefundenen kleinen Bronzewagen unterscheidet. Ihre Hauptmerkmale sind, dass sie nur eine Achse haben, dass die Deichsel in eine Dülle ausläuft, und dass sie mit Vogelfiguren oder Rinderköpfen geziert sind. Virchow vermuthet, dass sie gleich den übrigen Bronzewagen zu Cultzwecken gedient haben. Trotz der localen Begrenzung ihres Vorkommens betrachtet man sie doch als Importstücke aus dem italisch-hallstättischen Culturkreise, worauf namentlich die Vogelfiguren und die gehörnten Thierköpfe hinweisen. Wir vermuthen, dass die Hauptsache bei diesen Wagengebilden das nach Art eines Rindergehörnes gekrümmte gabelige Deichselende bildet, welches mit Vogelfiguren besetzt ist und in zwei gehörnte Thierköpfe ausläuft. Im Hallstätter Culturkreise finden wir die Analogien zu diesem Symbol beispielsweise in den thönernen »Mondfiguren« aus Oedenburg und von der Malleiten bei Fischau in Niederösterreich. Diese stammen aus Gräbern und stehen auf einem oder vier Füssen. Man möchte das Symbol ebensogut auf Räder stellen.

2. Kesselwagen. Man hat sich gewöhnt, darunter sowohl die mit gefässförmigem Aufsatz (aus Siebenbürgen, Böhmen, Mecklenburg und Schweden), als auch die mit vogelförmigem Körper (von Corneto, Salerno, Viterbo, Este, Glasinac) zu verstehen, obwohl weder die einen noch die anderen »Kessel« tragen. Der Aufsatz der ersteren ist einfach als Gefäss anzusehen, das durch die Unterstellung von Rädern beweglich gemacht ist. Dies kann bei einem so leicht transportablen Gegenstande nur Nachbildung eines grösseren Objectes sein. Das dadurch, dass es auf Räder gestellt war, geheiligt erscheint. Die Beräderung hat eben keine andere Bedeutung als die, dass man ein bestimmtes Object trotz seiner Grösse stets mobil haben will, um es gegebenen Falles mitzuführen, es vor Feinden zu retten, bei Wanderungen nicht zurücklassen zu müssen u. s. w. — Aus demselben Grunde findet man beräderte Vogelfiguren, welche sich einerseits durch das selten fehlende Hörnerpaar an die Hauptform der Deichselwagen anschliessen, andererseits mit ihrem hohlen Körper ebenso eine Art von Reliquiarien darzustellen scheinen wie die einfachen »Kesselwagen«.

In griechischen Demetercult wurde der Kalathos der Göttin, d. h. der Modius, den sie sonst auf dem Kopfe trägt, feierlich auf einem Wagen herumgeführt. Ganz ebenso zeigen jene Bronzewagen nur das Attribut, nicht die Gestalt der Gottheit. Wir kennen sie aus Böhmen (Richlý, Die Bronzezeit in Böhmen, Wien 1894, Taf. LI, Fig. 14; Montelius, Temps préhist., S. 119, Fig. 168), Mecklenburg (Peccatel bei Schwerin, Lisch, Jahrb. IX. S. 369) und Schweden (Ystad, Montelius, l. c., S. 118, Fig. 167), also in einer Linie der Verbreitung, welche diejenige von Italien nach Steiermark über die Donau und die Ostsee hinweg fortsetzt. Sie gehören sämmtlich dem Ende der nordischen Bronzezeit, beziehungsweise der älteren Hallstattperiode Mitteleuropas an, d. i. ungefähr der Zeit von 650—500 v. Chr. (Montelius' VI. Periode der Bronzezeit). Der Bronzewagen von Peccatel verräth sich auch durch die Fundumstände als heiliges Geräth. An dem genannten Orte standen drei Tumuli nahe beisammen. Einer derselben enthielt den Wagen und andere Bronzen, einer der beiden anderen einen ungefähr 3 Fuss hohen viereckigen Aufbau aus Steinen und Erde, welcher ein grosses kreisrundes Thongefäss umschloss, ferner einen Leichenbrand und ein Skelet in einer flachen Thonmulde. Die Bronzetypen, wie die letztere Bestattungsform, entsprechen vollkommen der mitteleuropäischen Hallstattperiode.

3. Plattenwagen. Zu diesen rechnet man eine Anzahl sehr verschiedener Gebilde, die meist in Italien gefunden sind oder wie der Strettweger Wagen von dorther stammen. Der Bleiwagen von Frög ist jedoch sicher in Kärnten fabricirt worden. Nördlich der Donau scheinen Plattenwagen nicht vorzukommen. Man besitzt nur die Nachricht von einem nicht mehr vorhandenen Stücke aus Pennewitt in Mecklenburg, welches vier Räder hatte und zwei Pferde, sowie eine menschliche Figur getragen haben soll (Undset, l. c., S. 258). Die Plattenwagen schliessen sich einerseits den Kesselwagen an, wenn nämlich der Körper eine Lade bildet, wie bei dem Bronzewagen aus der Grotta dell' Iside, oder zwischen den Rädern

eine beckenförmige Vertiefung zeigt, wie bei einem Stücke aus dem Grabe Regulini, oder wenn die Hauptfigur der Platte ein Gefäss auf dem Kopfe trägt, wie bei dem Strettweger Wagen und einem Räuchergefäss der Sammlung Canino im Louvre (Undset, Zeitschr. f. Ethn. 1890, S. 73, Fig. 19); andererseits zeigen sie mehrfach nahe Verwandtschaft mit einigen rohen, nicht auf Rädern ruhenden Plattenwerken der italischen Bronzeplastik des VI. und VII. Jahrhunderts v. Chr., die, wie wir zu zeigen suchten, unter dem Zeichen des phönikischen Einflusses steht.

In diese Classe italischer Bronzebildnereien gehören auch ein Paar Geräthe auf Rädern, welche zuletzt Undset in seiner Abhandlung über »Antike Wagengebilde« (Zeitschr. f. Ethn., 1890, S. 61 f.) kurz behandelt hat. Das eine derselben (l. c., Fig. 10; Archaeologia, XLI, Taf. XIV, S. 275 ff.; Hull. dell' Inst. 1836, S. 15) im Ashmolean Museum zu Oxford zeigt nahe Stilverwandtschaft mit mehreren oben behandelten Werken. Es besteht aus einer kreisrunden, in der Mitte durchlöcherten Scheibe, welche mittelst horizontaler Spangen in drei menschliche Unterschenkel ausläuft, die auf drei Räderpaaren ruhen. Am Ende der Horizontalspangen befinden sich drei nach aussen sehende Köpfe von Ziegenböcken; ferner laufen von hier Reste gedrehter Stäbe nach oben, welche einst wahrscheinlich ein Becken oder eine Oberplatte trugen, je nachdem man sich das Erhaltene mehr nach dem Vorbilde der Dreifüsse von Vetulonia (und des Plattenwagens von Strettweg) oder nach dem der Payne Knight'schen Doppelplatten ergänzt denken will. Auf der Unterplatte und den Horizontalstäben standen kleine menschliche und Thierfiguren, von welchen noch drei Männchen, eine Vogelfigur und einige vierfüssige Thiergestalten vorhanden sind. Die Bocksköpfe sind wie Apotropaia angebracht; die Stellung des Ganzen auf Räderpaaren bedeutet gewiss eine Art symbolischer Heiligung. Ohne Nachprüfung des Originals lässt sich nicht entscheiden, ob nicht vielleicht vier Beine und vier Räderpaare vorhanden waren, denn auf dreien ist das Geräth als Wagen so gut wie unbeweglich, während es auf vier Räderpaaren leicht nach vorne und hinten, sowie nach beiden Seiten gerollt werden konnte.

Das zweite Stück (Undset, l. c.,*Fig. 11) ist in seinem Aufbau deutlich als Wagen characterisirt. Es stammt wahrscheinlich ebenfalls aus Unteritalien. Vier Räder tragen einen Rahmen, an dessen Ecken vier durchbrochene Dreiecke mit einer Spitze eingezapft sind. Diese Dreiecke sind an den Schmalseiten paarweise mit einander verbunden und bilden so die Unterlage für eine jetzt fehlende Platte, über welche an den Ecken noch vier Stäbe hinausragten. Auf den horizontalen Schenkeln der Dreiecke ist viermal dieselbe Gruppe eines etwas nach vorne geneigten Mannes, der ein Thier zu schieben scheint, angebracht. Die vorragenden Enden dieser Dreieckschenkel, wie auch die des unteren Rahmens, sind spiralig umgerollt, in Verfahren, das auch die Payne Knight'schen Plattenwerke an den Stellen zeigt, wo Figuren in die Platten eingezapft sind. Die Figurenpaare sind räthselhaft. Pflüger darin zu sehen, erfordert starke Einbildungskraft, da die Hauptsache, der Pflug, fehlt.[1]) Indessen zeigen die Gruppen doch dieselbe Ver-

---

[1]) Sehr ähnlich im Schema ist die Figurengruppe auf dem Deckel einer Bronzedose in Saint-Germain-en-Laye (Undset, l. c., S. 55, Fig. 5). Dieser Deckel hat die Gestalt eines Vogelkörpers mit langschnabeligem Kopfe, auf welchem wieder ein kleineres Vögelchen sitzt (vgl. das ganze Exemplar einer solchen Dose, die auf vier Rädern bei und also den italischen Vogelwagen äusserst nahe steht, l. c., Fig 4. Es ist mir nicht recht klar, warum diese Dosen, nach Undset, jünger sein sollen als die Vogelwagen). Auf dem Deckel befindet sich ein Zweigespann von Pferden?], dahinter ein Lenker mit Hut und Untersatz (Wagenkasten?), aber ohne Beine, welcher die Hände auf die beiden Thiere legt, wie es auch bei den oben gedachten Figurenpaaren der Fall ist. Diese Dose war wohl auch mit Rädern versehen, und es scheint, dass die Räder, auf denen ein solches Geräth lief, zugleich für die Darstellung auf demselben in Rechnung zu ziehen sind. Mit anderen Worten: in dieser primitiven Kunst stehen nicht nur die Lenker und der sonstige Inhalt, sondern auch die Zugthiere auf dem Wagen selbst. Vergleiche den thönernen Plattenwagen aus einem Hypogäum bei Athen (Undset, l. c., S. 67, Fig. 13) und die sehr ähnliche Quadriga aus Phönikien (l. c., S. 6), Fig. 14). So war denn auch die Gruppe auf dem Dosendeckel von Saint-Germain und die vierfach wiederholte Composition auf dem oben beschriebenen Bronzewagen vermutlich als Pferdegespann mit Wagenlenker gedacht, wobei die Vereinfachung allerdings das Mass des Erlaubten überschreitet. Was man aber einmal so weit, so möchte es noch zulässig sein, die Zugthiere in noch weiterer Verkürzung

bindung von Mensch und Thier wie die oben genannten Arbeiten, und zwar, was den Stil betrifft, in der undeutlichen Gussarbeit jener durchbrochenen Flachbronzen, für die wir die Ringfiguren von Bologna, Vetulonia, Corneto als Beispiele anführen können. Dieser Wagen wird demnach auch um 600 v. Chr. entstanden sein.

Die Ausstattung eines Cultobjectes mit Rädern ist ein alterthümlicher Zug, der sich aus der Wanderzeit der Völker herschreibt und in den Processionen oder Umzügen mit Götterbildern und gottesdienstlichen Apparaten hie und da noch viel später eine praktische Bedeutung bewahrt hat. Hauptsächlich ist aber für die Erhaltung jenes Zuges wohl der Conservatismus des Cultus verantwortlich zu machen, der nichts verloren gehen lässt, was einst Sinn und Zweck hatte. Die erhaltenen Objecte sind jedoch durchaus zu klein, um als Originale zum Cultgebrauch angesehen zu werden. Sie sind nur als Nachbildungen grosser Cultobjecte aufzufassen, die, wie das sagenberühmte trojanische Pferd und verwandte mobile Cultgeräthe Indiens (der Wagen Krischna's in Dschagganath), viele Menschen oder Zugthiere zu ihrer Fortbewegung benöthigten. Zum zeltförmigen Tempel gehört die tragbare Bundeslade, welche Cook in der Südsee, ein neuerer Missionär am Himalaya wiederfand,[1]) und so ist es denn auch zu verstehen, wenn im salomonischen Tempel grosse zur Reinigung des Opfers dienende Wasserbecken auf vier Rädern standen. Die tragenden Theile dieser Erzgestelle waren überdies mit Cherubim, Stieren und Löwen geschmückt, also mit Thier- und halbmenschlichen Flügelgestalten, von welchen man sich diese Sacralgeräthe getragen oder gezogen denken mochte. Auf den Zusammenhang dieser im ersten »Buch der Könige« VII, 27—39 beschriebenen phönikischen Bronzearbeiten mit den oben genannten italischen, mittel- und nordeuropäischen Fundstücken hat man schon lange und immer wieder hingewiesen (vgl. Undset, l. c., S. 57 f.), ohne dass dagegen ein triftiger Einwand erhoben worden wäre. Undset hat auch schon (l. c., S. 61) Münzbilder aus Krannon in Thessalien herangezogen, wo sich nach schriftlichem Zeugniss ein eherner heiliger Wagen befand, den man bei anhaltender Dürre in Bewegung setzte, um Regen zu erflehen. Auf dem Wagen stand, wie die Münzbilder zeigen, eine grosse Amphora; auf den Rädern des ersteren stehen Vogelfiguren, vielleicht die heiligen Raben, von welchen es heisst, dass sie überhaupt die einzigen derartigen Vögel im Stadtgebiete von Krannon gewesen seien. Wagen, Amphora und Vögel müssen in jener Stadt hohes Ansehen genossen haben, da man sie sonst gewiss nicht in das Wappen oder unter die Münzzeichen derselben aufgenommen hätte. Damit ist die Existenz eines zweiten grossen Original-Cultobjectes erwiesen, wie wir solche auch blos auf Grund der erhaltenen kleinen Bronzenachbildungen anzunehmen berechtigt wären, und zweifellos richtig schliesst Undset daraus, »dass man einst auch in der griechischen Welt sacrale Kesselwagen gehabt hat, gewiss dank denselben phönikischen Einwirkungen, denen das nordische Bronzealter die gedachten Kesselwagen via Italien zu verdanken hat«.

In seinen »Meisterwerken der griechischen Plastik« (Kunstgeschichtl. Untersuchungen, Leipzig und Berlin 1893, »Die um Regen flehende Erdgöttin beim Parthenon«, S. 257 ff.) hat Ad. Furtwängler die Frage der kleinen prähistorischen Bronzewagen ebenfalls gestreift, aber in ganz anderem Sinne darüber geurtheilt. Er geht aus von einem vor der Nordseite des Parthenon aufgestellt gewesenen Bilde der Erdgöttin, welche dargestellt war, wie sie von Zeus Regen erfleht. Sie ragte nur mit dem halben Körper aus dem Boden hervor, und die Aufstellung geschah sicher infolge einer langen und verderblichen Trockenheit. Ein Siegelabdruck auf einer kleinen Thonpyramide aus Attika zeigt die Gestalt der Göttin, wie sie in jenem

---

als Protomen am Wagen selbst anzubringen, wie es an dem Ladenwagen aus der Grotta dell' Iside (Undset, l. c., S. 71, Fig. 15) und an dem Plattenwagen von Strettweg geschehen ist. Es störte denn nicht weiter, wenn sie gleichmässig an beiden Schmalseiten, also vorne und hinten, vorragten. So mag denn auch der räthselhafte Typus des Vogelwagens ursprünglich einen von Vögeln oder von einem Vogel gezogenen Wagen bedeuten, der anfangs bloss einen Kessel oder eine Dose trug, die dann mit dem Vogelkörper verschmolz.

[1]) Lippert, Geschichte des Priesterthums I, S. 261.

Bildwerke vermuthlich erschien, aber auf einem zweirädrigen Karren, wie sie die attischen Landleute benützten; unter der Halbfigur zeigt sich eine Lage von geschnittenem Gras, Korn o. dgl.

Wenn dieses eingeprägte Bildwerk etwas wirklich Bestehendes wiedergab, so kann dies nur ein zu cultlichen Umzügen, wahrscheinlich zu Bittgängen um Regen benützter Plattenwagen mit darauf befindlicher Götterfigur gewesen sein. Nach der kühnen und schönen Ausführung der letzteren stand ein solcher Apparat in Attika noch in hochclassischer Zeit in Verwendung, ein neuer Beweis für den Gebrauch derartiger Geräthe im volksthümlichen Cultus.

Furtwängler citirt nun zur Erklärung dieses Brauches verschiedene Ueberlieferungen, zunächst die auf den heiligen Wagen von Krannon bezüglichen. Er vermuthet, dass bei der Ausführung jenes Regenzaubers das Gefäss mit Wasser gefüllt wurde, welches beim Hin- und Herziehen des Wagens verspritzte. Davon wird nichts berichtet; es heisst vielmehr, dass man beim Umzuge das Gefäss wie eine Glocke geschlagen habe, um Regen zu erflehen. Dies ist auch wahrscheinlicher, da bei solchen Proceduren gewöhnlich irgend eine Lärmerregung (durch Hörner, Klappern u. dgl.) vorzukommen pflegt. Das Gefäss klang aber nur dann hell, wenn es leer war und der Füllung bedurfte. Ueberdies würde ein solcher Zug wie das Herumführen und Verspritzen von Wasser von der Ueberlieferung, wenn sie den Brauch einmal erwähnte, nicht verschwiegen worden sein. Wir halten es ferner für irrig, wenn Furtwängler eine Reihe anderer Nachrichten über religiöse Züge mit Wagen ebenfalls für Bittgänge um Regen auffasst. Im Hauptheiligthum der Güttermutter zu Gordion in Phrygien stand der heilige Wagen derselben. Als der Cult dieser Göttin nach Rom verpflanzt wurde, pflegte man auch dort das Idol derselben auf einem Wagen umherzuführen und dann zu baden. In dieser Reinigung wie in jedem Eintauchen eines Götterbildes in Wasser vermuthet Furtwängler den Ueberrest eines alten Regenzaubers. Aber diese Waschung bedeutet wohl nur die Abspülung des Reisestaubes vor der neuerlichen Stabilisirung des Cultbildes und ist eine Nebensache, während der Umzug die Hauptsache ist. Das Bad der Götterbilder ist ein Cultact, der einfach dem Bade der Menschen entspricht; es ist ein Act der Geisterverpflegung wie die Darbringung von Nahrung, die Unterhaltung durch Musik u. s. w. Im Zuge des Xerxes befand sich nach Herodot das Bild der obersten Gottheit auf einem von acht Rossen gezogenen Wagen, hinter welchem der König seinen Platz hatte. Die Gothen führten noch im IV. Jahrhundert n. Chr. ein Idol auf einem Lastwagen in ihren Zügen mit, und bei den Germanen des Tacitus bestand derselbe Brauch; der von Rossen gezogene heilige Wagen wurde von Priestern und Fürsten geleitet. Solche Züge in Krieg und Frieden sind das Ursprüngliche, die religiösen Umzüge nur Abbilder desselben. Der von Kühen gezogene Wagen der Nerthus (nach Tacitus identisch mit *terra mater*) wurde im ersten Frühling durchs Land gefahren und darnach der Wagen, das Idol und die Kleidung desselben in einem See gewaschen. Dieser Umzug ist sicher kein Bittgang um Regen gewesen, sondern die alterrerbte Feier des Wohnungswechsels beim Wechsel der Jahreszeit, eine Sitte, die allen halbnomadischen Viehzüchtern eigenthümlich ist und noch jetzt in den Gebirgen festlich begangen wird. Es ist daher nicht gerechtfertigt, bei dieser Gelegenheit an die noch existirenden ländlichen Gebräuche Europas zu erinnern, in welchen ein »Vegetationsdämon« oder »Wachsthumsgeist der Erde« mit Wasser begossen wird. Dazu kommt noch, dass z. B. die südslavische Dudola und andere derlei Maskenfiguren keineswegs auf einem Wagen herumgefahren werden, sondern barfuss im Dorfe umhergehen. Dies ist etwas ganz Anderes als jene Wagenzüge.

Der Wagen ist nach Furtwängler das Symbol der dröhnenden, rasselnden Regen- und Gewitterwolke, und in der germanischen Mythologie soll diese Urbedeutung noch besonders durchsichtig sein. »Thor und Odin fahren beide auf dröhnenden Wolkenwagen, insbesondere aber hält die grosse Wolkengöttin« (Nerthus) »im ersten Frühling ihre Umfahrt zu Wagen oder auch zu Schiffe; denn letzteres ist nur ein anderes, nicht minder beliebtes Symbol der Wolke.«

Wir können diese Natursymbolik als Quelle der sogenannten »Urbedeutungen« nicht anerkennen. Es ist ganz natürlich, dass, wenn man einmal die Götter an den Himmel versetzt, auch das Rollen und Rasseln ihrer Wagen dort hörbar sein wird. Aber sie haben nicht etwa deshalb Wagen, weil die Wolke wagenähnlich rasselt (die ältesten Wagen, an welchen wenig oder gar kein Metall war, rasselten auch nicht, sondern ächzten und stöhnten), sondern sie wurden zweifellos schon früher zu Wagen gedacht, und dies nur darum, weil man ihre Bilder hienieden behufs leichterer Fortschaffung auf Wagen zu stellen gewohnt war. Wäre der Wagen ein Symbol der Wolke gewesen, dann hätte die Mutter Erde (nach dem Zeugniss jenes attischen Cultgeräthes) auf einer Wolke gethront und von hier aus ihre Hände um Regen flehend emporgestreckt, was doch offenbar widersinnig gewesen wäre.

Dasselbe gilt vom Schiff, welches bei Polynesiern der Gegenwart, wie bei den Phönikern des Alterthums die Götterbilder trägt und trug.[1]) Es ist ein Vehikel und kein Symbol der Wolke, wie Furtwängler glaubt. Dieser findet den Schiffsumzug an den Panathenäen durchaus gleichartig mit dem Zuge der deutschen Nerthus. »Athena steht in ebenso engen Beziehungen zum Schiff, Wagen und Pflug, den alten Wolkensymbolen, wie jene germanische Göttin.« Es sei ein alter Irrthum, diese Schiffsumzüge (auch Dionysos wird in Attika auf einem beräderten Schiff umhergefahren) aus angeblich fremder Herkunft der Gottheiten erklären zu wollen. Wie es sich damit verhält, lassen wir dahingestellt; aber sicher ist, dass man dem alten, bei Naturvölkern noch heute herrschenden Brauche, die Cultsymbole und Götzenbilder bei jeder gemeinsamen Unternehmung einer socialen Gruppe mitzuführen, Rechnung tragen muss. Aus dieser Sitte erklären sich die prähistorischen Wagengebilde und die heiligen Wagen und Schiffe, die wir aus geschichtlichen Zeiten kennen, nicht aber aus einem jener poetischen Gleichnisse, wie sie die übelberathene moderne Mythologie mit ihrer Natursymbolik überall an den Anbeginn der Entwicklung stellt.

Ueber die in Mittel- und Nordeuropa gefundenen Kesselwagen der Bronze- und ersten Eisenzeit urtheilt Furtwängler nach unserer Meinung ebenfalls nicht richtig, wenn er sagt: »Man ... ist aber sehr auf Abwege gerathen, indem man sie in Beziehung brachte zu den auf Rädern stehenden grossen, zum Reinigen der Opfergaben bestimmten Kesseln des salomonischen Tempels. Die Verwendung von Rädern am Fuss von allerlei Geräthen, wie hier an den Kesseln des Hiram, und wie sie ferner das homerische Epos kennt[2]) und alte etruskische und griechische Funde uns kennen gelehrt haben, hat gar nichts zu thun mit jenen nordischen Kesselwagen.« Warum? Das wird nicht gesagt, sondern Furtwängler fährt fort: »Es gehört nach meiner Ansicht, die ich an anderer Stelle ausführlicher begründen werde, zu den schlimmsten Irrthümern der urgeschichtlichen Archäologie, dass sie auf jene oberflächliche Aehnlichkeit hin den semitisch-orientalischen Einfluss auf die alteuropäische Kunst gerade da zugelassen hat, wo derselbe nach meiner Ueberzeugung am wenigsten stattfand. Jene Kesselwagen sind ebensowenig semitisch wie der von Krannon. Sie werden vielmehr dieselbe Bedeutung gehabt haben wie dieser: sie werden eigentlich religiöse Symbole der fruchtbringenden Regenwolke sein, und man wird auch sie vermuthlich wie jene geschüttelt haben bei Zeiten der Dürre.«

Wir vermögen den Nutzen solcher leichthin ausgesprochenen und nicht weiter begründeten Einwendungen nicht einzusehen. Furtwängler hat die alte Annahme eines Zusammenhanges jener europäischen Formen mit einem Analogon aus phönikischer Werkstätte in keinem Punkte erschüttert, sondern nur dagegen protestirt. Hiezu scheint ihn mehr eine gewisse Abneigung bestimmt zu haben als sichere Gründe:

---

[1]) Von den Phönikern berichtet Herodot, dass sie Bilder ihrer Patäken auf die Schiffe zu stellen pflegten; von den Marquesas-Insulanern und Neuseeländern Cook und dessen Reisegefährten, dass sie am Vordertheile ihrer Schiffe aufrechtstehende Pfähle mit grobgeschnitzten Menschengesichtern hatten. Nach siegreichem Seegefechten rieften die Maoris ihre Schutzgötzen mit Federbüschen und steckten das Herz eines gefallenen Feindes als Speise vor denselben auf. (Lippert, Geschichte des Priesterthums I. S. 168.)

[2]) Beräderte Dreifüsse aus der Werkstatt des Hephaistos.

denn die von ihm angeführten Daten sprechen eher für als gegen jenen Zusammenhang. Die Schlagworte »semitisch« und »indogermanisch« haben hier gar nichts zu thun. Die Vorstellung, wonach Cultsymbole und Götterbilder ihren Stämmen in die Schlacht, auf die Wanderung u. s. w. zu Land und zur See folgen oder vielmehr führend vorangehen und deshalb auf Wagen oder Schiffe gestellt werden, ist weder semitisch noch indogermanisch, sondern allgemein menschlich; sie herrschte bei Juden und Germanen, sowie sie noch heute bei allen Primitivvölkern zu finden ist. Wir sehen darum gar keine Schwierigkeit, einen Zusammenhang zwischen den beräderten Kesseln des Hiram und ähnlichen Gebilden in Griechenland und Italien anzunehmen, sowie auch alles Jüngere, was Undset gesammelt und Furtwängler erwähnt hat, als Survival unter denselben Gesichtspunkt fällt, sammt dem panathenäischen Schiffe und dem Wagen der Göttermutter.

Für die Wagengebilde im griechischen Cult brauchen wir auch gar nicht an Entlehnung der Formen aus dem Orient zu denken, wohl aber für die prähistorischen Bronzewagen Italiens, Mittel- und Nordeuropas. Diese sind wahrscheinlich italische Fabrikate nach phönikischen Mustern und von Italien aus nach Mittel- und Nordeuropa verbreitet. Nach Furtwängler's Meinung steckt die prähistorische Archäologie voll »schlimmer Irrthümer«. Wir sind für jede Belehrung dankbar; wenn aber jene Annahme einer unserer schlimmsten Irrthümer ist, dann müssen die anderen sehr leidliche Ansichten sein. Wir möchten es eher als einen schlimmen, jetzt bei Nicht-Prähistorikern stark um sich greifenden Irrthum bezeichnen, gewisse Typen höherer Ordnung deshalb, weil sie in Mittel- und Nordeuropa als prähistorische auftreten, rein europäischen Ursprungs sein zu lassen und ihnen keinerlei Stammverwandtschaft mit orientalischen Formen zuzugestehen. Wohin soll das führen? Möchte doch jeder, der solche Neigung verspürt, zunächst die Altersstellung und Verbreitung der Funde und den grossen Zusammenhang, in dem sie sich von den Erscheinungen der localen Cultur abheben, prüfen und dadurch die Gründe erkennen, aus welchen man — nicht so leichthin, wie vielleicht vermuthet wird — Culturströmungen von Süd nach Nord anzunehmen genöthigt ist.

### 8. Ross und Reiter.

Es sei gestattet, hier abermals von den als talismanische Anhängsel gestalteten Flachfiguren auszugehen. Die Pferdefigur ist sowohl hier, als in runder Bildung, einzeln, ganz, in Abschnitten und Combinationen, unter den prähistorischen Bronzen durchaus seltener als die Vogelgestalt deshalb, weil der Orient in Kunst und Mythus von ihr beschränkteren Gebrauch gemacht hat. Ein Paar Anhängsel, an welchen seitlich Pferdeköpfe erscheinen, stammen aus Südtirol und gehören in die Classe der Blechgötzen, welche sonst häufig Vogelköpfe an dieser Stelle zeigen. Das Stück Mon. dell' inst. X, Taf. XXXVII, Fig. 3 (hier Fig. 41) ist nicht nur in der Gesammtform menschenähnlich, es trägt noch in der Brustgegend eine menschliche Maske und darunter zwei kreisrunde Felder, wohl Darstellung der Brüste. Auch ohne das würden wir die Figur für eine weibliche halten. An Stelle der Arme erscheinen zwei Pferdeköpfe, von deren Mäulern, wie von der Basis der Figur Bullen herabhängen. Man hat also die Frauengestalt nicht nur mit dem Vogel, sondern auch mit dem Rosse combinirt, worauf wir unten zurückkommen werden. Ein zweites Exemplar aus Cavedine (Much, Atlas, Taf. LXVI, Fig. 1, hier Fig. 42) ist etwas anders gebildet. Beiderseits stehen je zwei Pferdeprotomen übereinander; an den Pferdemäulern und der Basis hängen Bommeln in Gestalt von Menschenfüssen und Stäbchen. Verwandt, aber jünger sind zahlreiche Bronzeanhängsel aus den vorrömischen Nekro-

Fig. 41.
Bronzeanhängsel aus Südtirol.

polen von Jezerine in Bosnien (Glasnik, Sarajevo. V, Taf. X. Fig. 1; Taf. XI, Fig. 2, 6, 7) und Prozor in Croatien (Ljubić, Popis I, 1, Taf. XXI, Fig. 107 f.; Taf. XXXIII, Fig. 246). Ein Gürtelbeschläge aus Jezerine (l. c. XX, 23) endet oben in zwei Pferdeköpfe und zeigt die durchbrochen ausgeführte Figur eines behelmten Mannes. Anhängsel, welche seitlich in Pferdeköpfe ausgehen, finden sich ferner in Bologna-Arnoaldi (Gozzadini, Scavi Arn., Taf. X, Fig. 9), im Kaukasus (Kamunte, Kondakof, Tolstoj und Reinach, Ant. russ. mér., S. 472, Fig. 425) und in Griechenland (Tegea, Athen. Mitth. V, Taf. IV, Fig. 6, S. 67).

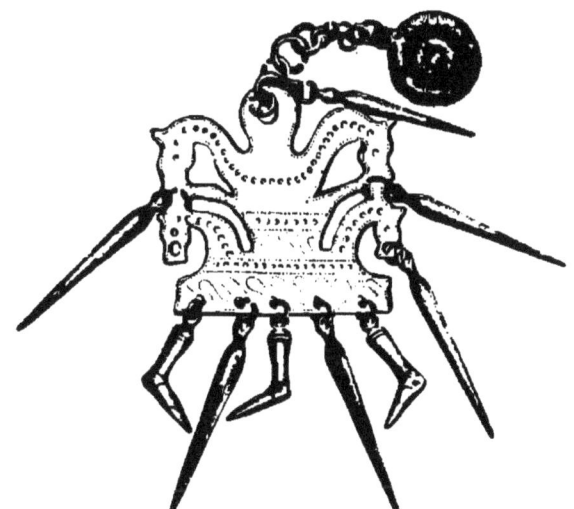

Fig. 42. Bronzeanhängsel aus Cavedine.

Für Mitteleuropa dürfen derlei Arbeiten und Typen aus Italien hergeleitet werden, wo sich häufig mit Pferdeköpfen oder Pferdeprotomen besetzte archaische Gegenstände finden. So enthielt die Grotta d'Iside in Vulci einen Bronzewagen mit vier Pferdevordertheilen (Micali, Mon. ined., Taf. VIII, Fig. 1). Der Bronzewagen von Strettweg zeigt an denselben Stellen vier Pferdeköpfe. Doppelprotomen von Pferden bilden plastische Deckelaufsätze und in Reihen en relief den Wandschmuck etruskischer Thongefässe (Micali, Mon. ined., Taf. XXIX, Fig. 1; vgl. Taf. XXX, Fig. 2). Ein in Dänemark gefundenes getriebenes Goldgefäss (Montelius, Les âges préhist., S. 121, Fig. 169) zeigt am Ende der langen geschweiften Handhabe einen stilisirten Pferdekopf ohne Ohren, dessen starr zusammengeflochtene Stirnhaare wie ein Horn emporstehen. Ein ganzes Pferd als Thongefässhenkel, stilistisch gleich den als Gebiss-Seitentheile auftretenden Pferdefiguren (Gozzadini, De quelques mors de cheval italiques, Taf. I) erscheint in der Periode Benacci II (Mus. Bologna, Gr. Nr. 487). Solche Pferde als Henkel von Doppelgefässen stammen von ebenda Gr. 39 (Not. d. Scavi 1889, Taf. I, Fig. 11) und aus Novilara (Mon. ant. Acc. Linc. V, S. 207,

Fig. 46). Aus den Benacci-Gräbern stammt auch ein Topfscherben mit verticalem Bandhenkel, dessen oberes Ende in eine nach aussen sehende Pferdeprotome übergeht.

Thönerne Pferde, eines davon auf vier Rädern, also dem trojanischen Pferde vergleichbar, fanden sich in den althallstättischen Grabhügeln von Podsemel in Unterkrain (Mus. Laibach). Die Pferdefiguren von Gemeinlebarn gehörten zu Reitern. Reinach schreibt (L'Anthr. VII, 1896, S. 179): »Existe-t-il des terres cuites primitives représentant des chevaux? Je n'en connais guère de l'Europe centrale.« In der That sind sie selten. Weit häufiger sind bronzene Pferdefiguren, wie sie Reinach, l. c., Fig. 386—388, 391—396, 399—406 zusammengestellt hat. Sie erscheinen zahlreich, frei oder auf Platten, zuweilen mit anderen Thierfiguren (Hunden?) vereinigt, unter den Votiven von Olympia, als Anhängsel mit Ringen auf dem Rücken, in Italien, Croatien (Prozor), Ungarn, im Kaukasus, als Beilaufsätze in Hallstatt, an Thierfibeln ebenda und sonst. Vergleiche die Abbildungen und Nachweise bei Reinach, der seltsamerweise die Bronzefigur eines Widders (l. c., S. 181, Fig. 403), wenn auch etwas zweifelnd, unter die Pferde einreiht.

Pferdefiguren en relief schmücken Thongefässe in Este (Soranzo, Scavi Nazari, Taf. VII, Fig. 1). Bazzano bei Modena (Montelius, Civ. prim. I B, Taf. 94, Fig. 10) und Istrien (Villanova, Mitth. Anthr. Ges. XXIV, S. 161) und wieder häufiger getriebene Bronzegefässe und Bronzegürtel (Hallstatt, Sacken, Taf. XI, Fig. 5, 6; Taf. XXIII, Fig. 3). Hier erscheinen häufig jene seltsamen, strahlenförmigen Mähnen und manchmal federbuschartige Schwänze, wodurch die sonst recht ungeschickt gezeichneten Thiere kenntlich gemacht werden sollen.

Schon im ersten Theile dieser Arbeit (S. 106) haben wir Beispiele der Combination des Pferdes mit dem Vogel aus der Bronzeplastik der ersten Eisenzeit in Griechenland (Olympia) und Italien angeführt. Aus der archaisch-griechischen Culturkreise citiren wir noch: Pferdefiguren mit darauf sitzenden Vögelchen an grossen viereckigen Fibelfussplatten aus Böotien (Ephim. arch. 1892, Taf. 11, Fig. 1a; 2). — Mann und Pferd, über dem letzteren drei Vögel auf einer ähnlichen Fibelplatte aus Böotien (Jahrb. d. Inst. III, 1888, S. 362, Fig. J). (Regelmässig erscheinen im Felde dieser Zeichnungen Kreuze mit blattförmigen Armen.) — Vogel auf der Croupe eines Pferdes, Vasenbild aus Falerii (Ant. del terr. Falisco, S. 267 f., Fig. 127). — Vogel auf dem Pferdeschwanz eines Centauren, schwarz auf Weiss gemaltes etruskisches Vasenbild (Micali, Mon. ined. Firenze 1844, Taf. XXXIX, Fig. 3). — Menschenköpfiger Vogel auf dem Schweife eines Flügelpferdes, schwarzfiguriger Vasenscherben aus Kyme in Aeolis (Röm. Mitth. III, 1888, S. 159 ff., Fig. 5). — Vögelchen auf dem Deichselende eines von vier Flügelpferden gezogenen Wagens, melische Amphora (Conze, Taf. IV. Dasselbe Motiv Arch. Zeitung 1854, Taf. LXII, Fig. 3). — Mitth. Anthr. Ges. Wien, XXII, S. 115, Anm. 1 habe ich bereits auf die in Vogelköpfe auslaufenden Deichselbeschläge prähistorischer Wagen aus Ungarn, Böhmen (Svijan, Richlý, Bronzezeit, Taf. XXXVIII, Fig. 1; 2) und Dänemark hingewiesen. Doch gehört dies, wie die letztgedachten griechischen Beispiele, vielmehr zur Combination der Vogelfigur mit dem Wagen.

Die Verbindung der Frauenfigur mit dem Pferd und des Pferdes mit der Vogelgestalt ist offenbar mythisch und wahrscheinlich gleichen Ursprungs wie die griechischen Mythen von beflügelten rossegebärenden Todesdämonen, von den Harpyien und der Gorgo Medusa. Milchhöfer hat (Anfänge der Kunst in Griechenland, S. 56 ff.) das Ross als das bevorzugte Thier der gemeinsamen indoeuropäischen Sagenstoffe geltend gemacht und darauf hingewiesen, dass das Pferd überhaupt in der Mythologie und Symbolik der Semiten wie der Aegypter durchaus keine Rolle spielt, während die meisten dämonischen Bildungen volksthümlicher Art in Griechenland »sich um die Centralfigur des Rosses gruppiren« (Pegasus, Kentauren u. s. w.). Das Pferd ist ein heiliges Thier, Totem-, Schlacht- und Opferthier bei Rossenomaden, wie es die Inder, Iranier und europäischen Arier einst gewesen sind. Bei Homer ist es das einzige Thier, welches durch eine Art Genealogie an die Götterwelt geknüpft ist. Götter schenken den Menschen Pferde für geraubte Kinder (Zeus dem Tros für Ganymedes), wie Jehova dem Abraham einen Ziegenbock statt des Isaak zum Opfer gibt oder Artemis statt der entführten Iphigenie eine Hinde unterschiebt. Der Nordwind erzeugt mit den königlichen Stuten des Erichthonios windschnelle Fohlen, der Zephyros solche mit der Harpyie Podarge, die dem Dichter selbst als ein pferdegestaltiges Wesen vorschwebte, da er sie (Ilias XVI, 150 f.) auf einer Wiese weiden lässt. Wenn die Harpyien später vogelleibig dargestellt werden, muss die Vorstellung ursprünglich zwischen der Pferd- und der Vogelgestalt geschwankt haben, was die häufige Combination derselben in der prähistorischen Kunst erklärt. In der Frage nach der Urbedeutung dieser Rossembleme ist man bisher nicht glücklich gewesen und hat constant in den Wolken gesucht, was vor den Füssen lag. Nach arkadischer Sage erzeugten Poseidon und Demeter-Erinys, beide in Rossegestalt, was der spätere Mythus mit Fehlgriffen erklärt, das Pferd Orion. Zu Phigalia in Arkadien stand auch ein uraltes Holzbild der schwarzen, d. h. düsteren, feindseligen Demeter; dieses Cultbild hatte einen Pferdekopf. Poseidon ist der das Land umarmende Meergott, ein später hinzuerfundener Gatte für die rossgestaltige Erdgöttin. Die heiligen Rosse sind auf dieser Stufe Kinder des Wassers und der festen Erde. Auch mit der Gorgo Medusa erzeugt Poseidon das Ross Pegasus. Es ist eine ansprechende Vermuthung Milchhöfer's (l. e., S. 63, Anm.) dass die Wendung der Sage, nach welcher Pegasus aus dem durchschnittenen Hals der Mutter entsprang, durch die ursprüngliche Vorstellung einer pferdeköpfigen Gorgo, d. i. also einer ursprünglich in Pferdegestalt gedachten Erdgöttin, wie Demeter-Erinys und die Harpyie Podarge, hervorgerufen worden sei. Solche Mischfiguren verstand man später nicht mehr und erklärte sie durch einen abenteuerlichen Zug des Mythus. Da nun in der originalen prähistorischen Kunst Europas pferdeköpfige Götterbilder fehlen, ist wohl anzunehmen, dass man erst unter dem Einfluss der orientalischen Bildnerei der mitgebrachten Vorstellung einer pferdegestaltigen Gottheit diesen fremdartigen Ausdruck gab. Die Erinnyen, die Harpyien, die Gorgonen erscheinen durch ihre Parallelisirung mit Demeter als das, was sie auch nach aller sonstigen Wahrscheinlichkeit ursprünglich sind, als Erd- und Todesgöttinen, als Muttergestalten, die erst eine jüngere Erklärung zu wegraffenden Sturmwolken machte, weil man sich die Geister der Abgeschiedenen im Winde einherziehend dachte. Der Wind befruchtet ja auch die Erde, nicht die Wolken. So finden die Pferdedarstellungen der prähistorischen Kunst als Urgestalten des europäischen Mythus befriedigende Erklärung.

In diesem Zusammenhang möchten wir einen Blick auf die bronzenen Thierfibeln der ersten Eisenzeit werfen. Die Fibel ist ein specifisch europäisches Trachtstück, die Thierfibel ein (zwar nicht ausschliesslich, aber vorzugsweise) italischer Typus, und es verdient gewiss Beachtung, wenn hier unter den vorkommenden Thieren am häufigsten das Pferd dargestellt wird. Der figürliche Schmuck der Fibeln scheint nicht ausser Bezug zu dem Glauben und Aberglauben der Träger zu stehen. Italien hat uns hiefür schon ein Paar Beispiele gegeben: die Fibel von Suessula mit der Gestalt eines menschenähnlichen Dämons, die

Fig. 13. Broncefibel aus Italien.

Payne-Knight'sche Fibel mit runder Scheibe, worauf ein Kreis von Vögelchen einen kultköpfigen Vogel umgibt; wir nennen noch eine Fibel des British Museums (Kemble, Hor. fer., Taf. XXXIV, Fig. 4, hier Fig. 43), auf deren Bügel ebenfalls ein gehörnter Vogel aufgenietet ist, und die Fibel aus Perugia (Conestabile, Due dischi IX, 1; Ant. Tidskr. VI, Fig. 47), welche eine mit Anhängseln gezierte Rinderfigur trägt. Diese Stücke sind sämmtlich Fibeln ad arco di violino, und die Figuren oder Figurenplatten befinden sich auf dem gestreckten Bügel. Sie sind wohl ursprünglich ohne Rücksicht auf diese Verwendung gearbeitet und erst nachträglich als talismanische Aufsätze angebracht. Jene Fibelform ist sehr alterthümlich; die typologisch jüngeren Bogenfibeln zeigen in Griechenland und Italien andere Arten der Verzierung mit Thierfiguren: in Böotien und in Peloponnes auf dem Fuss oder Bügel eingravirte Thierfiguren (Fische, Vögel, Pferde, auch Menschen, welche Pferde halten u. dgl., im geometrischen Stil), auf den Inseln und in Italien plastische Vogelfiguren auf dem Bügelscheitel. Die orientalisirende Kunststufe Mittelitaliens entwickelte hybride Formen, wie die goldene Prachtfibel aus Cervetri, Ant. Tidskr., l. c., S. 144. Fig. 148, S. 145, Fig. 148 $^1/_2$ mit plastischen Vogelreihen und getriebenen Flügellöwen auf dem Bügel, einfachen Löwen auf der Fussscheibe oder wie die Goldfibel, ebenda S. 47, Fig. 52, mit einem Flügellöwen als Bügel und einer kleinen Sphinx am Fussende. Die specifisch italischen Thierfibeln zeigen Vögel, Hunde und geschweifte, drachenähnliche Figuren als Bügel, zuweilen katzenartige Thiere (z. B. Marchesetti, Scavi nella necr. di Sa. Lucia, 1893, Taf. XX, Fig. 9; 11), selten einmal eine Sphinx (z. B. l. c., Fig. 11 das Vögelchen davor, dem Fremdstil entsprechend mit gelösten Flügeln, auf Scheitelansicht berechnet). Eine gleiche Fibel aus Caverzano citirt Marchesetti, l. c., S. 255, Anm. 1. Andere daselbst angeführte Stücke aus Silber und Gold sind mittelitalische Fabrikate orientalisirenden Stiles. Immerhin erfreut sich unter den orientalischen und griechischen Mischfiguren aus der menschlichen und thierischen Gestalt nur die Sphinx einer gewissen Beliebtheit bei den italischen Bildnern. Nicht wenige Beispiele stammen aus Oberitalien. Die Sphinx erscheint auf einem gestempelten Thongefässfragment der Stufe Arnoaldi I bei Bologna (Gozzadini, Di due sepolcri e di un fremm. cer. d. necr. Fels., Att. mem. Dep. Emilia NS., VI, Modena 1881, S. 7, S. A.) unter einer Reihe von Hakenkreuzen zwischen Hirschen und laufenden, mit Helm, Schild und Speer gerüsteten Kriegern, dann auf Bronzevasen und Gürtelblechen von Este (Not. d. Scavi, 1882, Taf. VI, Fig. 1; VII, Fig. 16), in Gestalt kleiner flacher Bronzefigürchen ebenda (Mitth. prähist. Comm. Wien, I, S. 107 f., Fig. 46, 47), auf einem Gürtelblech von St. Marein in Krain (Mitth. Anthr. Ges., Wien, XXIV, Taf. III, Fig. 2), auf einem Eimerdeckel von Hallstatt (Sacken, Taf. XXI, Fig. 1), auf einer Bronzeschale von Castelletto Ticino bei Golasecca, Prov. Novara (De Baye, Mém. Soc. Ant. France 1886, S. 3, S. A.; Montelius, Taf. 45, Fig. 18, sehr seltsam gezeichnet neben einem nicht minder eigenthümlichen Löwen mit aufgerissenem Rachen, lang heraushängender Zunge und räthselhaftem Kopfaufsatz). Diese Auslese unter den Fabelwesen des Südens scheint zu zeigen, dass die Sphinx hier ein gewisses Verständniss fand, welches anderen Mischfiguren versagt blieb, und wir dürfen uns erinnern, dass es ein europäisches Volk, das griechische gewesen ist, welches die in Aegypten vorzugsweise männliche Sphinxgestalt zu einem vorzugsweise weiblichen Typus umprägte.

Die beliebteste Fibelfigur ist aber doch das Pferd. Marchesetti, der für die in Sta. Lucia vertretenen Formen die umfassendsten Uebersichten zusammengestellt hat, sagt l. c., S. 252 (die Nachweise sind in den Noten gegeben) über die Thierfibeln der ersten Eisenzeit: »Das Thier, welches am häufigsten dargestellt wurde, war das Pferd mit oder ohne Vögelchen auf dem Fibelfuss. So besitze ich ein Stück mit sehr gestrecktem Leibe von Karfreit, fast gleich einem Exemplar der Sammlung Nazari zu Este. Bei Bologna fanden sich sehr viele solche Fibeln in mehreren Localitäten (Benacci, Arnoaldi, Monteveglio, Villanova, Fonderia San Francesco u. s. w.). Andere kennt man von Podsemel und Rovišc in Krain, von Hallstatt, von Mechel, Pfatten, Dercolo in Tirol, von Vetulonia und sogar von Koban im Kaukasus. (Uebrigens erscheinen Pferdefiguren auch oft auf römischen Fibeln, so in Aquileja, Salona, Virunum u. s. w.) Seltener sind Pferdegespanne, wie in dem prächtigen Exemplare unserer Triga. Kürzlich wurde ein fast identisches Stück in einem Tumulus zu St. Margarethen in Krain gefunden. Analoge Fibeln kennt man aus dem subalpinen Gebiet von Mechel, Caverzano (Triga, vorne auf dem Fuss ein Vögelchen) und bei Trient (Pferd, Wagen und Lenker), während in Este und Bologna mehrmals phantastische Thiere in solcher Verbindung erscheinen.« Die letztere Bemerkung ist nicht ganz richtig. Das Stück Not. d. Sc. 1882, Taf. IV, Fig. 15, in welchem Marchesetti nach der schlechten Abbildung cavalli marini erkennt, zeigt drei Pferde nebeneinander.

Auf den beiden Pferden rechts und links sitzen Reiter mit Spitzhüten, wie gewöhnlich, ohne Beine, auf den Croupen der Pferde Vögelchen, seitwärts sind je zwei Rundschilde angebracht. Auf dem mittleren Pferde sitzt statt des Reiters ein Vogel. So zeichnete ich dieses Stück 1892 bei meinem Besuche des Museums in Este. Die Abbildung Ant. Tidskr., l. c., S. 129, Fig. 139 ist ebenso unzuverlässig wie die in den Not. d. Sc. Wir haben also hier dieselbe Combination spitzhütiger Reiter mit der Vogelfigur wie an dem mehrfach erwähnten Dreifuss von Vetulonia.[1])
Eine andere Fibel von Este, erwähnt von Ghirardini, Not. d. Sc. 1888, S. 345 g, stammt nicht, wie Marchesetti, l. c., S. 253, Anm. 11 schreibt, aus der Chiusura Baratela, sondern aus einem Grabe der Villa Benvenuti und trägt im Museum Este die Bezeichnung »Nr. 412, Grab 22«. Ghirardini beschreibt sie als »formato di tre draghi disposti l'uno accosto all'altro« und verweist auf das sehr ähnliche Stück Gozzadini, Scavi Arnoaldi, Taf. XII, Fig. 9 (— Zannoni, Certosa, Taf. CXLVI, Fig. 20). Das mittlere der drei Thiere ist an dem Exemplar von Este etwa ein Hund, wie der aufwärts geringelte Schwanz vermuthen lässt (an dem bolognesischen Stück ist der Schwanz horizontal weggestreckt); die beiden kleineren seitlichen Thiere stecken an einer durch den Körper des mittleren gehenden Achse. Sie haben, wie die beiden seitlichen Pferde der Reiterfibel von Este, keine Beine, weil diese Theile die praktische Verwendung der Fibel unmöglich machen würden. Die Schwänze dieser Thiere sind an dem Stück von Este horizontal weggestreckt, an dem von Bologna S-törmig zurückgebogen. Vermuthlich sind auch in diesen Figuren nur ungeschickt dargestellte gewöhnliche Thiere, keine »draghi« zu erkennen.

Nach den citirten italienischen Fundstücken gehören diese Gebilde der Periode Este II oder Arnoaldi-Bologna I, d. h. etwa der Zeit von 600—500 v. Chr. an. In den Alpenländern sind die verwandten Typen wohl etwas jünger. Darauf führt auch die von Marchesetti, S. 255 bemerkte Thatsache, dass die Thierfibeln von Este und Bologna stets nur einseitige Kopfschlingen besitzen, während dieselben Fibeln in den Alpenländern meist sogenannte Armbrustfibeln sind. Sicher jüngeren Ursprungs sind die bekannten Fibeln mit Thierkopfenden, unter welchen wieder, aber nur im adriatischen Culturkreise solche mit Pferdeköpfen sehr häufig sind (in Este, Adamsberg und St. Marein in Krain, Grobnik in Croatien u. s. w.). In anderen Gebieten tragen diese Fibeln am Fussende zurückgebogene Vogelköpfe oder auch Menschenmasken; zuweilen tritt auch in symmetrischer Wiederholung am Kopfende ein Vogelkopf oder eine Menschenmaske auf, und mitunter erscheinen auch menschliche Masken auf dem Bügel. Vgl. Tischler, Beitr. zur Urgesch. Bayerns, IV, S. 62, 66 ff. Mit Recht bemerkt Marchesetti, dass die Thierkopffibeln im Ostalpenlande noch ganz dem Ende der Hallstattperiode angehören, während sie weiter nördlich in die Früh-La Tène-Stufe fallen. Sie sind hier namentlich in Süddeutschland (Baden und Württemberg, besonders aber in Bayern, der bayrischen Pfalz, in Hessen, Nassau, der Rheinprovinz und Westphalen) verbreitet. In ihrer Gesellschaft erscheinen bronzene Schnabelkannen, Dreifüsse und anderer Import aus Italien. Da aber die Thierkopffibel in Mittelitalien vollkommen fehlt, nimmt Tischler, l. c., S. 67 mit Recht an, dass diese Gewandhaften einheimisches Fabrikat sind, und dass die Arbeiter, welche die Thiere der massaliotischen und die Köpfe der macedonischen Münzen in der bekannten Weise nachbildeten, auch die Thierköpfe und andere Ornamente der etruskischen Kunst zu imitiren verstanden.

Wir haben also zwei Classen von Bronzefibeln mit Thierbildern zu unterscheiden: eine ältere, die der eigentlichen »Thierfibeln«, welche der späteren, aber noch voretruskischen Villanova-Periode Italiens (600—500 v. Chr.) angehört, durch ganz Italien verbreitet ist und in der orientalisirenden Richtung jener

---

[1]) Zu vergleichen ist eine Fibel aus Marzabotto im Antiqu. Berlin, Montelius, Taf. 94, Fig. 19. Den Bügel bildet ein Pferd mit der Halbfigur eines Reiters mit seltsamem Kopfaufsatz (vgl. l. c., Taf. 79, Fig. 5). Hinter dem Reiter vermuthlich ein rückwärts blickendes Vögelchen, vor dem ersteren auf beiden Schultern des Pferdes je zwei gekoppelte Vogelprotomen; das Ganze roh schematisch.

Kunststufe wurzelt (obwohl sie nur selten directe Nachbildungen orientalischer Typen liefert), — und eine jüngere, die der »Thierkopffibeln«, welche einer späteren Zeit (etwa 450—350 v. Chr.) angehört, hauptsächlich in Mitteleuropa verbreitet und unter dem Einflusse der etruskischen Kunstindustrie, aber nicht in Etrurien selbst, entstanden ist.

Bronzene Reiterfiguren der ersten Eisenzeit haben wir bisher an Fibeln (Este u. s. w.), Dreifüssen (Vetulonia), Plattenwagen (Strettweg) kennen gelernt. Sie erscheinen da einzeln, zu zweien, dreien oder vieren, stets mit Spitzhüten bedeckt. Aus der Keramik seien noch die plastischen Reiterfiguren einer Urne von Gemeinlebarn, die geometrisch gezeichnete Reiterfigur einer Urne von Oedenburg und der spitzhütige Reiter auf einem kuhköpfigen Thongefäss aus Bologna-Benacci II (Zannoni, Certosa, Taf. CXVIII, Fig. 73; Montelius, Taf. 81, Fig. 2) angeführt. Auch die bleiernen Reiterfiguren von Frög (Much, Atlas, Taf. XLVIII, Fig. 15—18) sind in diesem Zusammenhang zu erwähnen.

Italische Bildnereien der ersten Eisenzeit zeigen ferner nicht selten Pferdefiguren in heraldischer Paarung mit einer menschlichen Figur als Mittelstück (so schon auf einem Dipylon-Vasenfragment aus Tiryns, Schliemann, Tiryns, Taf. XVIII), ein Schema, in welchem sonst Löwen oder Mischfiguren anstatt der Pferde auftreten. Die Pferde erscheinen dabei anspringend, hoch aufgerichtet oder ruhig stehend, wie ihre wilden oder phantastischen Vorgänger. Aus nicht wenigen Beispielen nennen wir den plastischen Aufsatz eines Bronzegefässes aus der älteren Nekropole von Suessula (Röm. Mitth. II, S. 237, Fig. 3) und die aus Reihen von Bronzeschüppchen gebildeten linearen Gruppen kleiner Thonschälchen von Sta. Lucia (Marchesetti, l. c., Taf. VII, Fig. 7 und 13). Auch auf einem der letzteren erhebt die schematische Mittelfigur beide Arme symmetrisch zum Himmel, wie in dem plastischen Gebilde von Suessula. Der rhythmische Wechsel von Pferdchen und menschlichen Figürchen mit erhobenen Armen auf Gürtelblechen von Hallstatt (Sacken, Taf. XI, Fig. 5, 6) scheint jenem Schema seinen Ursprung zu verdanken. Auf bronzenachahmenden Thongefässen aus Gräbern des Gebietes von Falerii finden sich heraldisch gepaarte Pferdefiguren als Randaufsätze beiderseits des Henkels (Ant. del terr. Fal., S. 196, Fig. 83), der zuweilen als Napf gestaltet ist, aus welchem die Pferde fressen (l. c., S. 198, Fig. 84, wie in der Concavität hallstättischer Halbmondfibeln, Sacken, Taf. XV, Fig. 1), oder die Figur eines zwei Paare von Pferden bändigenden Mannes trägt (Ant. terr. Fal., S. 199, Fig. 85, vgl. 86), ferner en relief (Mann, der zwei Pferde am Zügel hält, l. c., S. 239, Fig. 105).

Nicht überall, aber sicher in mehreren der oben angeführten Fälle wird man in den Reitern und Rosse haltenden Männern mythische Gestalten erkennen dürfen. Mit Rossen versehene jugendliche männliche Götter waren den Indern als Açvinen und den Griechen als Dioskuren bekannt, bilden also einen altarischen Bestandtheil dieser beiden Religionen. Nach dem griechischen Mythus sind sie erzeugt von dem in einen Schwan verwandelten Himmelsgott (hier also wieder eine Reminiscenz der Verbindung der Pferdemit der Vogelfigur); nach vedischem Mythus erzeugt der Himmelsgott in Gestalt eines Rosses mit der in eine Stute verwandelten Saranyû (Erinnys) die Açvinen. Es scheint demnach, dass sie aus jungen männlichen Rossen, Söhnen der rossegestaltigen Erdmutter,[1]) welcher sich nach jüngerer Auffassung der Himmelsgott zugesellt, in Rosse besteigende, durch Rosse charakterisirte Jünglinge umgewandelt wurden. Als solche erscheinen sie stets in mehr oder minder verschleierter Abhängigkeit von ihrer Mutter. Ihre Nennung neben den Korybanten, ihre Verwechslung mit den Kabiren — ersteres schon bei Aristophanes, letzteres urkundlich erst in hellenistischer Zeit — belehrt uns ebenso wie die Mehrzahl an sich über den kindlichen,

---

[1]) Auf den Cult solcher Dämonen sind die Nachrichten über menschenfressende Pferde (wie die des Diomedes und — in jüngerer Sage — des Bukephalos Alexanders) zurückzuführen, wofür Milchhöfer, l. c., S. 78, Anm. 1, auf vedische Analogien treffend hingewiesen.

dienenden Charakter dieser Gottheiten. Alle solche brüderliche Gruppen sind ja ein mythischer Ausdruck für die Menschheit selbst, für die ersten Gottesdiener, den ältesten Erdenstamm. Das Wesen der Dioskuren erleidet keine tiefere Aenderung dadurch, dass ihnen im Laufe der Zeit, wie schon ihr Name ankündigt, statt der Mutter der Vater übergeordnet wird. Nach Pausanias III, 24, 5 standen zu Brasiai am Ostufer Lakoniens auf einer ins Meer vorspringenden felsigen Landzunge drei fusshohe Bronzestatuen mit πῖλος als Kopfbedeckung, dabei Athena, letztere wohl grösser. Die Erklärer schwankten, ob sie in diesen kleinen Bildern die Dioskuren oder die Korybanten sehen sollten. Auch anderwärts wusste man in jener Zeit die Dioskuren nicht mehr von ähnlichen Göttergruppen (Kureten, Kabiren) zu unterscheiden. Die ursprünglich gleichartigen Gestalten waren wieder ineinander geflossen. Wie nun aber die Kabiren zum Meere, so standen die Dioskuren zum Rosse in nächster Beziehung, und reitende Gottheiten sind dem Orient ursprünglich fremd. Wenn also jene altitalischen Bronzebecken von Vetulonia und Corneto drei mit Spitzhüten bedeckte Reiter oder auch ledige Pferde auf den Dreifussbeinen tragen, so ist es leicht möglich, dass hier dioskurenähnliche Gestalten des Volksglaubens in einer Dreizahl um das mütterliche Symbol geordnet sind. Wie sonst durch aufgesetzte oder auch daruntersthende Vogelfiguren das »heilige Ross« charakterisirt ist, so finden sich auch unter den drei Reitern eines dieser Becken kleine Vögelchen angebracht. Auch die anderen Bronzen, welche eine Dreizahl von Rossen, manchmal mit einem Reiter oder Vögeln verbunden zeigen (Frög, Este u. s. w.), dürften derselben Deutung unterliegen.

Die Dioskuren erscheinen im griechischen, die Açvinen im vedischen Mythus als Reiter aus Gefahren, als menschenfreundliche, schützende Dämonen; sie sind Helfer in der Schlacht, aber auch Heilbringer in Krankheiten u. s. w. Dagegen ist die Rettung aus Seegefahr, welche später bei den Dioskuren so sehr hervortritt, ihnen ursprünglich fremd, wie es ihrer Herkunft entspricht. Dadurch wird es verständlich, dass man, wie die oben gesammelten Beispiele zeigen, ihre Urgestalt und ihr Symbol, das Ross, ganz oder theilweise, einzeln oder in Paaren, oder endlich auch Reiterfiguren als Apotropaia zum Schmuck, Ansatz oder Aufsatz von Gefässen, Geräthen und Anhängseln verwendete. Namentlich die Bedeutung der oben vorangestellten Bronzeanhängsel mit Pferdeprotomen und der ähnliche Giebelschmuck an europäischen Häusern dürfte sich auf diese Art erklären lassen.

*y. Das Rind.*

Das Rind ist bei vielen ackerbautreibenden Völkern ein heiliges oder dämonisches Thier, und an mythischem, sowie künstlerischem Ausdruck dieser Vorstellung fehlt es weder im alten Orient, noch in Griechenland. Die Aegypter verehrten eine kuhköpfige Gottheit, die Griechen opferten dem stierköpfigen Minotaurus. Der assyrische König besiegt einen verderblichen Stier, wie Theseus den marathonischen. Symbolische Rinderköpfe, Rinderfiguren und Stierbändigungen sind beliebte Gegenstände glyptischer, toreutischer und malerischer Darstellungen der mykenischen Kunst. Aus den Schlachtgräbern Mykenes stammen Goldringplatten mit Rinderschädeln, solche aus Goldblech geschnittene Köpfe mit dem Doppelbeil zwischen den Hörnern und ein plastischer silberner Rindskopf mit Stirnrosette (Schliemann, Mykenä, S. 252, Fig. 329f). In den ägyptischen Wandgemälden Thebens sind Tributgaben der Kefti dargestellt, unter welchen sich Rinderköpfe theils als plastische Gebilde (Perrot-Chipiez, III. Fig. 542), theils als Gefässornament mit Rosetten zwischen den Hörnern finden (Jahrb. arch. Inst. VII, 1892, Anz., S. 14). Bei den Aegyptern galt der Kopf des Schlachtthieres als der den Göttern geheiligte Sitz der Seele, dessen Genuss verboten war. Aus einer ähnlichen Vorstellung entsprang die Verzierung der Opferaltäre und Tempelfriese mit Widder- oder Rinderschädeln.

Altäre mit Thierprotomen erscheinen in assyrischen Gemmen, so auf einem Achat, Perrot-Chipiez, II. S. 690, Fig. 350, dann auf einem sechseckigen Siegel aus Syrien, ebenda, III, S. 648, Fig. 455: ein Priester mit Beischrift und erhobener Hand steht vor dem niederen Altar, der einen Candelaber trägt, und dessen Ende in einen langhalsigen Thierkopf ausläuft. In orientalischen und griechischen Bildwerken ist die Doppelvolute mannigfach variirt, sehr gemein als Theil eines symbolischen Aufbaues, welcher auf den Köpfen von Göttern oder idolartigen Untersätzen erscheint. In der assyrischen Kunst bildet sie die Kelchblätter von Palmetten, in der ägyptischen die Uräusschlangen, in der mykenischen, dem Bronzestil dieser Periode entsprechend, ein Paar einwärts gerollte Spiralen. In der ersten Eisenzeit Griechenlands verwandeln sich die Enden in Thierköpfe, vielleicht unter ägyptischem Einfluss. Dies führt zur Bildung von Doppelthieren, wie sie der mykenischen Kunst noch fremd sind. Später erscheinen solche aus zwei zusammengefügten Thiervordertheilen bestehende Bildungen, z. B. auf Münzen von Samos, und K. O. Müller (Handb. 3, S. 302³) meint, dass diese Typen durch vorderasiatische Bildwerke mit den persepolitanischen zusammenhängen mögen. Für Italien und Mitteleuropa sind derlei Gebilde sicherlich fremden Ursprunges, doch mag die Symbolik des Stierschädels und des Hörnerpaares nicht erst durch orientalische Einflüsse geweckt worden sein. Man kann sich mit allgemein verständlichen Abbreviaturen beholfen haben.

Wenn Reinach u. a. O. meint: »il est singulier, que l'image de l'animal domestique par excellence ne soit pas plus fréquente parmi les premiers essais des modeleurs; en revanche à l'époque des métaux les figures de bovidés sont parmi celles, qui se trouvent le plus souvent«, so rührt das eben daher, dass die neolithische Thonbildnerei erst um Ende der jüngeren Steinzeit in beschränktem Kreise geweckt und bald durch die Metallplastik unter anderen Auspicien (Handel) verdrängt wurde.

Wirkliche Bukranien, oder wenigstens das obere Schädelstück vom Rind mit den Hornzapfen, finden sich nicht selten an prähistorischen Wohnplätzen der Art zugerichtet, dass man daran denken darf, sie seien zum Anheften etwa an einer Hütte oder einem Denkmal bestimmt gewesen. Leiner fand ein solches Stück im bronzezeitlichen Pfahlbau von der Rauenegg bei Constanz (Arch. f. Anthr. XXIII., S. 181), ich selbst eines in der bronzezeitlichen Ansiedlungsschicht von Hippersdorf in Niederösterreich. Beim menschlichen Wildstamme unserer Zeit sind Bukranien als Denkmälerzierden keine Seltenheit. Vergleiche z. B. die Abbildung eines Gedenkpfostens von Madagascar, Journ. Anthr. Inst. London XXI, Taf. 16, Fig. 8, wo sie capitälartig auftreten, wie in der altorientalischen Architektur. Friesartig angebracht, wie in der griechischen Tempelbaukunst, erscheinen sie an primitiven Holzgerüsten, welche der Bergstamm der Khassia in Bengalen vor den Denksäulen hervorragender Verstorbener errichtet, s. die Abbildung bei Baer-Hellwald, Der vorgeschichtliche Mensch, 1874, S. 279. Fig. 317 (nach M. J. Sale, welcher die gleichzeitige feierliche Aufrichtung der Steinsäule und des Schädelgerüstes beschreibt).

Aus solcher Sitte lässt sich ohneweiters der Gebrauch thönerner oder steinerner Nachbildungen ableiten, wie sie aus zahlreichen Fundorten bekannt sind. Aus Thon von einem Pfahlbau nächst Constanz (Arch. f. Anthr. XXIII., S. 182, Fig. 4, ein Bruchstück von Bodmann, ebenda, Fig. 2), aus Stein oder Thon von vielen Schweizer Pfahlbauten der Bronzezeit (»Pfahlbauten«, II. Bericht, Taf. II, Fig. 27—30; V. Bericht, Taf. XII, Fig. 23, 29; Taf. XV, Fig. 2, 4, 6; VII. Bericht, Taf. XX). Diese Abbreviaturen der Rinderfigur sind zuweilen mit einem Flechtmuster überzogen; am auffallendsten ist die Nachahmung eines Gewebes, l. c., V. Bericht, Taf. XV, Fig. 2, als ob derlei Gebilde auch aus Flechtwerk vorhanden oder wenigstens zuweilen mit Flechtwerk verkleidet gewesen wären. Andere Schweizer »Mondbilder« sind mit gewöhnlicheren »geometrischen« Mustern bedeckt oder zeigen augenförmige Zeichen an den Hörnern. Die hörnerförmigen Anhängsel aus den Schweizer Pfahlbauten wurden schon oben erwähnt.

Sogenannte »Mondbilder« aus Thon ergaben ferner die alten Wohnstätten bei Bologna (Zannoni, Arcaiche abitazioni, Taf. XIV, Fig. 1—13). Es sind plumpe Barren mit emporstehenden Enden, welche in Thierköpfe auslaufen, demnach vielmehr gekuppelte Thierprotomen als Hörnerpaare. Doch kommen auch gewöhnliche Doppelhörner auf einem konischen Fusse vor (l. c., Taf. XV, Fig. 22). Dieselbe Erscheinung, dass einfache Hörnerpaare der älteren Zeit sich in gekuppelte Thierprotomen verwandeln, beobachten wir an der bekannten ansa lunata oder cornuta Oberitaliens. Die Bronzezeit der Terramaren kennt nur Doppelhörner als mächtige, stark auffallende und gewiss symbolische Aufsätze von Schalenhenkeln. In der ersten Eisenzeit werden daraus an derselben Henkelstelle Doppelköpfe, und wir haben ja auch schon gesehen, dass in der Nekropole von Bismantova, welche genau zwischen den Terramaren und der Villanovastufe steht, die älteste Doppelthierprotome als Zeichnung auf einer Urne erscheint.

Die gleiche Entwicklung zeigen uns die »Mondbilder« Mitteleuropas. In den Pfahlbauten der Schweiz herrscht noch das einfache Hörnerpaar. In Lengyel (Südungarn, Wosinsky, Das prähistorische Schanzwerk von Lengyel) zeigen die verwandten, aus Thon geformten Geräthe besondere Grössen. Es sind schwere, altarähnliche Barren mit meist vier Aufkrümmungen an den Enden der Schmalseiten. Das eingeritzte Ornament der Langseiten ist höchst alterthümlich und erinnert an troische Formen. Manchmal (l. c., XXVIII, 210, 212) glaubt man ein Gesicht oder wenigstens (l. c., 209, 211) Augenpaare zu erkennen, wie sie an Vasenscherben schon in der »ersten Stadt« von Hissarlik vorkommen. Die achterförmige Doppelvolute erscheint einmal als symbolisches Zeichen zwischen einem solchen Augenpaar. Nur ein Stück (l. c., 212), welches auch in der Decoration stark abweicht, hat zwei stärker emporgekrümmte Enden mit Andeutungen von Thierköpfen. Auch hier finden wir thönerne »Kinderklappern«, dann Zauberwürfel, Wirtel und Topfböden mit pictographischen Zeichen und pyramidale, sogenannte Webstuhlgewichte aus Thon, deren obere Stutzflächen mit Kreuzen, manchmal auch mit Punkten in den Kreuzfeldern bezeichnet sind. Das Hakenkreuz erscheint isolirt auf Topfscherben.

Die zahlreichen »Mondfiguren« aus den Grabhügeln und Wohnstätten der ersten Eisenzeit bei Oedenburg sind dagegen, ihrem geringeren Alter entsprechend, ausnahmslos Doppelprotomen von Thieren, unter welchen das Rind, der Widder und vielleicht auch der Hirsch gemeint ist. Sie haben nicht das Schwere, Barrenoder Altarähnliche der bisher betrachteten Stücke, sondern stehen meist auf vier Füssen, wie die Votivfeuerböcke und die zum Anhängen eingerichteten Doppelthiere Italiens. In einem

Fig. 44. Thonschale aus Oedenburg.

Falle (s. meine »Urgeschichte der Menschheit«, Stuttgart, Göschen, 1895, S. 149, Fig. 43, hier Fig. 44) stand das Doppelthier als dünne Schablone festgeklebt in einer an den Rändern mit Vögelchen und Näpfchen plastisch besetzten Thonschüssel. Die Deutung dieser Abbreviatur hat bisher geschwankt zwischen der Annahme eines Mondbildes und der eines Thieropfers. Wir glauben aber mit dem verdienten Erforscher der Bodensee-Pfahlbauten Ludwig Leiner, »dass, wenn Nachts die Sichel des wachsenden Mondes am Himmel leuchtend erschien, unsere Voreltern eher ein hehres feuriges Stiergehörn darin erblickten, als umgekehrt im Stiergehörn das Bild des Mondes« (Arch. f. Anthr. XXIII, S. 182).

Für den sacralen Charakter des in Thierköpfe endigenden Doppelhornes sprechen auch die bronzenen Deichselwagen wie der von Frankfurt a. d. Oder (Kemble, Hor. fer., Taf. XXXIII, Fig. 4).

Dieser besteht nämlich seiner Grundform nach aus einem Paare krummer Hörner, an dessen Basis sich eine Dülle zum Einstecken der Deichsel befindet. Die Hörner enden in Rinderköpfe. Am Anfang und am Ende der Dülle, sowie in der Mitte der Hörner sind Vogelfiguren aufgesetzt. Das Hörnerpaar ruht auf einer Achse, an der ein Rad zwischen den Hörnern, zwei andere rechts und links von den letzteren angebracht sind. Die Hauptsache scheint das Hörnerpaar (wie an anderen Wagengebilden der gehörnte Vogel oder das Gefäss oder die Hauptfigur der Wagenplatte), die Berüderung Nebensache. Das Ganze ist vielleicht Nachbildung eines grossen Cultapparates, mit welchem das Hörnerpaar als Symbol einer Gottheit feierlich herumgeführt wurde.

Die häufige Verbindung der Rinderfigur und des Rinderkopfes mit dem Gefäss macht es wahrscheinlich, dass man bei solchen Abbreviaturen und Symbolen an eine weibliche Gottheit dachte. Schon in den untersten Schichten von Hissarlik fand sich ein gehörntes, vielleicht kuhköpfig gedachtes, elfenbeinernes Idol (Ilios, S. 297, Fig. 142), ferner ein kuhköpfiger Gefässhenkel (l. c., S. 668, Fig. 1405). Als Thongefässansatz erscheint die Rinderprotome frühzeitig in Cypern (Ohnefalsch-Richter, Kypros, die Bibel und Homer, Taf. CXLIX, Fig. 14 b c) sowie später (Cesnola-Stern, Taf. LXXXVI, Fig. 3). Sie ist als solche ziemlich gemein in Hügelgräbern der Hallstattzeit im Savegebiet (St. Margarethen in Krain, Videm in Steiermark) und an der Donau (Gemeinlebarn in Niederösterreich). Auch Bronzegefässhenkel sind häufig gehörnt oder noch deutlicher als Rinderköpfe gestaltet (Sacken, Hallstatt, Taf. XXIII, Fig. 2, 3). Ein Bronzebecken aus Hallstatt (l. c., Taf. XXIII, Fig. 6, hier Fig. 45) hat als Handhabe eine ganze Kuh mit nachfolgendem Kalbe. Aus Veji hat Pigorini (Bull. pal. Ital. XVIII, S. 236 f., Fig. 1) ein keramisches Analogon nachgewiesen, wonach speciell diese Form der Combination als italischer Typus erscheint. Aus derselben Zeit stammen italische und donauländische Thongefässe, welche ganz als Rinderfiguren

Fig. 45. Bronzebecken aus Hallstatt.

gebildet sind (Corneto: Not. d. Sc. 1882, Taf. XIII bis, Fig. 1 mit zwei menschlichen Figuren als plastischem Aufsatz; Bologna-Bennacci: Zannoni, Certosa, Taf. XXXV, Fig. 42; Taf. CXLVIII, Fig. 15 mit Reiterfigur als plastischem Aufsatz; Niederösterreich: Much, Atlas, Taf. LXX, Fig. 5).

In Italien fanden wir bereits bronzene Vogelfiguren mit Kuhhörnern oder Kuhköpfen (aus Corneto, Salerno, Viterbo etc., Undset, Zeitschr. f. Ethn., 1890, S. 49 ff.). Ein gehörnter zweibeiniger Vogel aus Bronze, hohl und einst mit einem Deckel versehen, der vielleicht wieder eine Vogelfigur bildete, stammt aus Csicser in Ungarn (Hampel, Bronzezeit, Taf. LXVII, Fig. 3; Mitth. Anthr. Ges. XXII, S. 118, Fig. 103). Gehörnte Vögel aus Thon erscheinen in Certosagräbern, Zannoni, Taf. XXXV, Fig. 42 und in Pfahlbauten am Bodensee, Arch. f. Anthr. XXIII, S. 182, Fig. 3.

Nach alledem wird es nicht zweifelhaft sein, woher sich der Votivgebrauch bronzener Rinderfiguren in Mitteleuropa schreibt. Zwar finden sich bronzene Einzelfiguren von Rindern häufig unter den Weihgeschenken von Olympia (Furtwängler, Olympia IV, Taf. X—XIII) sowie im Kaukasus (Chantre,

Caucase, Taf. XI bis, Fig. 10), aber die gegossenen Rinderfiguren aus den Gräbern von Hallstatt (Sacken, Taf. XVIII, Fig. 31—33) scheinen doch auf italischen Einfluss oder Import hinzudeuten.
Ein paar Beispiele von gejochten Rindern kennen wir aus Italien und Norddeutschland. Das gejochte Rinderpaar der Unterplatte eines grossen figurenreichen Sacralgeräthes aus Campanien wurde bereits oben erwähnt. Gleicher Provenienz ist wahrscheinlich die kleine Bronzegruppe bei Kemble, Hor. Fer., Taf. XXXIII, Fig. 16, hier Fig. 46 (im British Museum). Sie zeigt einen Pflug, von dessen Zugthieren das eine nach vorn, das andere nach rückwärts gewendet ist, während eine thierköpfige androgyne Figur hinter dem Pfluge steht. Ob an diesem Ensemble Alles echt ist, muss eine offene Frage bleiben. Reinach, der das Stück (l'Anthr. VII. S. 177, Fig. 380) wieder abbildet, gleitet sehr sacht darüber hinweg. Ein Paar gejochter Ochsen aus Kupfer wurde mit sechs Kupferbeilen in Bythin, Posen, gefunden (Zeitschr. f. Ethn. 1873, Verh., Taf. XVIII, S. 200; Reinach, l. c., S. 175, Fig. 370). Doppelrinder, vorn und rückwärts gleich gebildet, aus Bronze gegossen, gewöhnlich mit einem Bügel auf dem Rücken, also zum Anhängen bestimmt (s. z. B. Kemble, Hor. Fer., Taf. XXXIII, Fig. 15, hier Fig. 47), stammen zumeist aus Oberitalien, nur ein Stück ist in Olympia gefunden, Ol. IV, Taf. XXV, Fig. 477. Die symmetrische Bildung und die Anhängevorrichtung erlauben uns, diese Stücke den talismanischen Anhängseln gleichzustellen, welche mit zwei Thierprotomen (Vogel- oder Pferdeköpfen) ausgestattet sind.

Die Antikensammlung des Kaiserhauses in Wien besitzt eine bronzene Doppelstierfigur aus Cuma in Unteritalien (ausgestellt Saal XII, I, Nr. 40), gebildet nach Art der oben erwähnten Doppelrinder, aber nicht zum Anhängen, sondern zum Aufstellen eingerichtet. Ueber den vier Beinen auf dem Leibe und auf den vier Hörnern sitzt je ein Vögelchen. Die Bestimmung dieses Geräthes ist räthselhaft; man darf wohl annehmen,

Fig. 46. Bronzegruppe aus Italien.

Fig. 47. Bronzenes Doppelrind aus Italien.

dass es gleich jenen Anhängseln eine sacrale Bedeutung, aber für einen fixen Standort, ein Heiligthum, ein Grab oder einen Wohnplatz besessen habe. Das Stück gehört sonst in die Classe jener bankförmigen Doppelthiere, die ich (im ersten Theil dieses Aufsatzes, S. 114 ff.; vgl. S. 103) als Votivfeuerböcke aus Ober- und Mittelitalien zusammengestellt habe.

Auch selbstständig gebildete Rinderköpfe finden sich unter den prähistorischen Bronzen. Ein solcher als Anhängsel stammt aus der ungarischen Bronzezeit (Hampel, A bronzkor, II, 1892, Taf. CLXV, Fig. 9), ein anderer aus Walchow (bei Fehrbellin, Zeitschr. f. Ethn., V. Verh., S. 201). Zuweilen sind die Hörner nach abwärts gekrümmt, so bei einem Kuhkopf-Anhängsel aus Sta. Lucia, Küstenland (Marchesetti, Scavi nella necr. di S. L., Taf. XXIV, Fig. 36), dann in der getriebenen Arbeit einer Bronzevase von Giornico (Antiqua, 1893, Taf. VIII—IX, S. 8), wo ein Stierkopf neben einem Vogel, einem Pferd mit Reiter oder Flügeln und mehreren zum Theile ithyphallischen Männchen gebildet ist. Auf dem Henkel einer Silbervase mykenischer Zeit aus Kition, Cypern (Perrot-Chipiez, III, Fig. 556) haben die in Ringe eingeschlossenen getriebenen Rinder ebenfalls solche abwärts gekrümmte Hörnerpaare.

---

Als Ergebniss der vorstehenden Untersuchung darf es zum Schlusse ausgesprochen werden, dass in Italien um 600 v. Chr. eine primitive Bronzeplastik herrschte, welche meist kleine tragbare, zu sacralem, sepulcralem oder talismanischem Zwecke bestimmte Arbeiten schuf. Die Formen dieser Plastik sind dem

Orient entlehnt und verrathen den Einfluss des phönikischen Handels, aber nichts von griechischem Geist oder Handwerk. In verschiedenartiger Verkümmerung und Entstellung erkennt man die nackte Astarte, Bes, die Kabiren, dann Zusammensetzungen wie Weib und Vogel, Vogel, Rind und Gefäss; doch findet sich keine Spur von den specifisch griechischen und orientalischen Mischbildungen. Beliebt sind auf Platten mit Rädern oder ohne solche gestellte Figuren, Gruppen oder Attribute, ferner à jour gearbeitete Figuren in Rahmen, endlich geometrische Flachfiguren zum Anhängen.

Die rohen Erzeugnisse dieser italischen Bronzeplastik finden weit nach Norden hin Anwerth und Absatz, sowie Nachahmung in entlegenen Ländern jenseits der Alpen. Sie begleiten die industriellen Producte, welche als Typen italischer Provenienz ein constituirendes Element der mitteleuropäischen Hallstattcultur und der Endstufen der nordischen, ungarischen und schweizerischen Bronzezeit bilden.

So erscheint Italien schon ein halbes Jahrtausend vor der Ausbreitung hellenischer Kunstformen durch Rom und nahezu zwei Jahrtausende vor der Wiedergeburt der Antike als ein Land, welches, dank seiner geographischen Centralstellung, die transalpinen Länder mit fremden Kunstformen befruchten und in weitem Umkreis die Anfänge höherer Bildnerei, wie sie dem ersten Eisenalter vorbehalten blieb, ins Leben rufen konnte. In der Folge ist es der La Tène-Stil, der diese Anfänge weiterbildet, zugleich noch andere Einflüsse verarbeitet und so der barbarischen Kunst in den nördlichen Ländern Europas eine feste Stätte bereitet.

## Verzeichniss der Abbildungen.

Fig.
1. Skarabäus aus Sardinien. (Nach Perrot-Chipiez, III, Fig. 464.)
2. Bronzefigur aus Novilara. (Nach Brizio, Mon. ant. Acc. Linc. V, Fig. 70.)
3. Bronzefigur aus Novilara. (Ebenda, Fig. 71.)
4. Thongefäss aus Novilara. (Ebenda, Taf. XIII, Fig. 10.)
5. Bronzeanhängsel aus Suessula. (Nach v. Duhn, Röm. Mitth. II, S. 250, Fig. 19, Nr. 18.)
6. Dronzefibel aus Suessula. (Ebenda, Fig. 19, Nr. 5.)
7. Bronzenes Plattenwerk aus Campanien. (Nach Kemble, Horae ferales, Taf. XXXIV, Fig. 1.)
8. Todesdämon von einer nordsyrischen Bronzereliefplatte. (Nach Perrot-Chipiez, II, Fig. 162.)
9. Bronzegruppe von Torre di Mordillo. (Nach Not. d. Scavi 1888, Taf. XV, Fig. 22.)
10. Bronzegruppe von Torre di Mordillo. (Ebenda, Taf. XIX, Fig. 1.)
11. Fragment einer Marmorgruppe aus Sparta. (Nach Athen. Mitth. X, Taf. VI.)
12. Aegyptische Terracotta. (Nach Cesnola-Stern, Cypern, S. 414.)
13. Bronzefibel aus Campanien. (Nach Kemble, l. c., Fig. 2.)
14. Bronzenes Plattenwerk aus Italien. (Ebenda, Fig. 7.)
15. Bronzener Cistendeckel aus der Basilicata. (Ebenda, Fig. 6.)

Fig.
16. Bronzener Doppelring aus Italien. (Ebenda, Fig. 8.)
17. Bernsteinfigur aus Falerii. (Nach Barnabei, Mon. ant. Acc. Linc. IV, Atlas Taf. IX, Fig. 22.)
18. Bernsteinfigur aus Falerii. (Ebenda, Fig. 21.)
19. Bernsteinfigur aus Vetulonia. (Nach Falchi, Vetul. Taf. VII, Fig. 4.)
20. Berosteinfigur aus Vetulonia. (Ebenda.)
21. Bernsteinfigur aus Vetulonia. (Ebenda, Taf. VIII, Fig. 8.)
22. Bronzegerath aus Vetulonia. (Ebenda, Taf. VIII, Fig. 15.)
23. Bronzener Dreifuss aus Vetulonia. (Ebenda, Taf. VIII, Fig. 20.)
24. Bronzefigur aus Vetulonia. (Ebenda, Taf. XIV, Fig. 2.)
25. Bronzener Candelaber aus Vetulonia. (Ebenda, Taf. XV, Fig. 5.)
26. Bronzefigur aus Vetulonia. (Ebenda, Taf. XVII, Fig. 33.)
27. Bronzener Candelaber aus Vetulonia. (Ebenda, Taf. XVII, Fig. 28.)
28. Bronzene Handhabe aus Vetulonia. (Ebenda, Taf. XVIII, Fig. 16.)
29. Bronzene Handhabe von Spadarolo. (Nach Not. d. Scavi 1894, Fig. 17.)
30. Goldenes Schmuckstück aus Aegina. (Nach Bull. pal. ital. XX, S. 173, Fig. 6.)
31. Bronzener Gefässhenkel aus Italien. (Nach Kemble l. c., Fig. 10.)

Fig.
32. Bronzedolch aus Hallstatt. (Nach Hoernes, Urgeschichte der Menschheit. S. 135, Fig. 28.)
33. Bleifigur aus Frög. (Nach Much, Atlas Taf. XLVII, Fig. 12.)
34. Bronzewagen von Strettweg. (Nach Much, l. c., Taf. XLI.)
35. Bronzefigur aus Klein-Zastrow. (Nach Antiqua 1888, Taf. VI, Fig. 4.)
36. Bronzefigur aus Farö. (Nach Undset, Eisen, S. 368, Fig. 48.)
37. Bronzemesser von Itzehoe. (Ebenda, S. 305, Fig. 27.)
38. Bruchstück einer Gesichtsurne von Starzin. (Nach Berendt, Taf. I, Fig. 29.)
39. Gesichtsurne von Henriettenhof. (Nach Lissauer, Westpreussen, Taf. III, Fig. 13.)

Fig.
40. Bronzefigur aus Verona. (Nach Rev. mens. Paris II, Fig. 13.)
41. Bronzeanhängsel aus Südtirol. (Nach Mon. dell' inst. X, Taf. 37, Fig. 3.)
42. Bronzeanhängsel aus Cavedine. (Nach Much, Atlas Taf. LXVI, Fig. 1.)
43. Bronzefibel aus Italien. (Nach Kemble, l. c., Fig. 4.)
44. Thonschale aus Oedenburg. (Nach Hoernes, Urgeschichte der Menschheit, S. 149, Fig. 43.)
45. Bronzebecken aus Hallstatt. (Ebenda, S. 141, Fig. 36.)
46. Bronzegruppe aus Italien. (Nach Kemble, l. c., Fig. 16.)
47. Bronzenes Doppelrind aus Italien. (Ebenda, Fig. 15.)